# DIESE BEINE WAREN NICHT MEINE

*Dieses Buch widme ich meinen drei lieben Kolleginnen, die am 31. Mai 2014 bei der Gründung und anschliessend im Vorstand der Vereinigung Lipödem Schweiz mit dabei waren.*

HEIDI SCHMID-ACKERMANN

# DIESE BEINE WAREN NICHT MEINE

## NICHT MEINE

Wie wir die Krankheit Lipödem
zum öffentlichen Thema machten

**Bibliografische Information der Deutschen Nationalbibliothek.**
Die Deutsche Nationalbibliothek verzeichnet diese Publikation in der Deutschen Nationalbibliografie; detaillierte bibliografische Daten sind im Internet über http://dnb.dnb.de abrufbar.

Die automatisierte Analyse des Werkes, um daraus Informationen insbesondere über Muster, Trends und Korrelationen gemäß § 44b UrhG (»Text und Data Mining«) zu gewinnen, ist untersagt.

Korrektorat, Satz, Umschlaggestaltung und Verlag:
BoD – Books on Demand, Norderstedt
Druck: Libri Plureos GmbH, Friedensallee 273, 22763 Hamburg

ISBN 978-3-7583-3485-6
Dieser Titel ist auch als E-Book erhältlich.

# INHALT

# VORWORT

Im Herbst 2011 erhielt ich die Diagnose Lipödem. Eine Diagnose, die zu dieser Zeit kaum jemand in der Schweiz kannte. Nur sehr wenige Ärzte wussten, wie man diese Erkrankung therapiert. Im Internet fand ich verstörende Bilder von wulstigen, komplett deformierten Beinen, die mich zutiefst bestürzten. Erst vier Jahre zuvor wurde bei mir nach über dreizehn Jahren Leidensweg, eine seltene auto-immune Erkrankung diagnostiziert. Diese zwang mich 2007 dazu, mein Leben komplett neu zu organisieren. 2010 begann ich ein Studium für Ernährung-Psychologische Beratung am IKP in Zürich. Nun sollte mein Leben bereits wieder erschüttert werden? Meine angeborene mentale Stärke und meinen seit Jahren geschwächten Körper zu vereinen, wurde zu meiner Lernaufgabe. Eine normale Zukunft mit diesen zwei Diagnosen schien mir damals jedoch unmöglich zu sein. Mein Körper - eine ewige Baustelle. Gefangen in meinem Gefühlschaos aus Zukunfts- und Existenzängsten, Wut und einem Funken Hoffnung, versuchte ich die Balance in meinen Alltag zu halten. Nach einigen Monaten suhlen in den tiefsten Abgründen wuchs langsam eine leise Hoffnung in mir. Zögerlich formte sich daraus ein klares Ziel. Die Krankheit Lipödem musste öffentlich gemacht werden. Koste es, was es wolle. Mir schwebte vor, eine Selbsthilfegruppe und später einen Verein für Frauen mit Lipödem in der Schweiz aufzubauen. Die Idee war geboren, meine Ziele standen fest. Meine Opferrolle tauschte ich ein gegen Optimismus. Ich war gewillt, Verantwortung für mein Leben zu übernehmen und lösungsorientiert in die Zukunft zu schreiten. Zugegeben, hätte ich zu Beginn gewusst, wie viel mühsame Arbeit auf mich zukommen würde, dann wäre die Idee wohl schnell gestorben. Ich sah den Missstand, der im Gesundheitswesen zum Thema Lipödem herrschte. Doch den Fokus legte ich stets auf das zu erreichende Ziel. Einige Zeit später, als ich bereits inmitten der Aufklärungsarbeit steckte, wurde mir langsam bewusst, welches Ausmass dieses Projekt annehmen würde. Eine Mischung aus kindlicher Naivität und dem Glauben an das Gute im Menschen trieb mich dennoch immer weiter an. Auch der Glaube, dass jeder Mensch etwas bewegen kann, der einen kleinen Funken Hoffnung in sich trägt, spornte mich an. Damit sollte ich recht behalten.

Dieses Buch soll nicht nur vom Lipödem betroffenen Frauen und deren Angehörigen Mut machen, für ihre Rechte zu kämpfen. Es soll auch aufzeigen, dass die Krankheit mittlerweile gut therapierbar ist. Ich hoffe, dass durch eine breitflächige Aufklärungsarbeit in Zukunft die Allgemeinärzte das Lipödem erkennen und die Patientinnen an die richtigen Spezialisten weiterleiten. Eine weitere Hoffnung besteht darin, dass alle Gefässspezialisten in unserem Land die Krankheit diagnostizieren und den betroffenen Patientinnen eine adäquate Behandlung anbieten können. Zu Beginn versuchte man mir weis zu machen, dass es in der Schweiz keine Lipödem-Spezialisten gibt. Schnell durchschaute ich die Tatsache, dass es unter Kollegen dieser Berufsgattung nicht selten um Futterneid ging. Dass ausgerechnet wir Patientinnen darunter leiden mussten, wollte ich nicht wahrhaben. Im Gegenteil, es spornte mich an, gute Ärzte zu finden, um mit ihnen diesen Missstand im Gesundheitswesen anzugehen. Eine grosse Herausforderung, wie sich herausstellte. Dennoch habe ich diesen Schritt bis zum heutigen Zeitpunkt nie bereut. Ein weiteres Ziel dieses Buch-Projektes war, dass das Lipödem in den Leistungskatalog der Krankenkassen (KLV) aufgenommen wird. Der Startschuss für mein Aufklärungsprojekt fiel acht Monate nach meiner Diagnose, im Mai 2012. Im Verlauf der ersten zwei Jahre kamen mehrere Helferinnen und Helfer dazu. Zusammen würden wir diese Ziele erreichen. Daran hielt ich von Anfang an fest. Meine Erfahrungen von 2012 bis 2019, eine unbekannte Krankheit publik zu machen, habe ich in diesem Buch festgehalten. Es bietet einen emotionalen Einblick in die Welt verschiedener betroffener Frauen, einschliesslich mir selbst. Weiter wird der beschwerliche Weg, das Gesundheitswesen in die richtige Richtung zu lenken und auf die Missstände in der Öffentlichkeit hinzuweisen, aufgezeigt. Es handelt sich um eine wahre Geschichte, wobei ich während dieser Zeit so manches Mal glaubte, in einem früheren Jahrhundert zu leben. Einige Namen wurden aus Rücksicht auf die Personen geändert. Ich wünsche Ihnen viel Freude beim Lesen.

# KRANKHEITSBILD UND SYMPTOME DES LIPÖDEMS, STAND 2024

Das Lipödem ist eine symmetrische Fettverteilungsstörung der unteren und oberen Extremitäten sowie dem Gesäss. Die Füsse, Hände, Kopf, Hals und der Rumpf sind typischerweise nicht betroffen. Das Lipödem ist immer schmerzhaft. Eine Adipositas löst kein Lipödem und gleichermassen löst ein Lipödem keine Adipositas aus. Häufige Gewichtsschwankungen oder eine Gewichtszunahme befeuern jedoch ein Lipödem. Die Krankheit betrifft fast ausschliesslich Frauen. Phasen hormoneller Veränderungen wie die Pubertät, Schwangerschaft und die Wechseljahre werden von den Patientinnen häufig als Zeitpunkt der ersten Symptome wahrgenommen. Die genauen Ursachen der Krankheit sind nach wie vor nicht erforscht. In vielen Fällen gibt es ähnliche Vorgeschichten von anderen Familienmitgliedern oder nahen Verwandten. Eine detailliertere Beschreibung des Krankheitsbildes kann nachgelesen werden. Der Link dazu befindet sich in den Literaturangaben am Ende des Buches.

*Quelle: Deutsche Gesellschaft für Phlebologie und Lymphologie e.V.: S2K-Lipödem, 5.0, 2024.*

# WIE ALLES BEGANN

Den Tag, an dem mein Leben eine abrupte Wendung nahm, werde ich nie vergessen. Es war der 6. März 2011. Kurze Zeit zuvor, so glaubte ich, hatte sich vieles in meinem Leben wieder zum Guten gewendet. Im Herbst 2010 musste ich nach 16 erfüllten Jahren mein Friseurgeschäft aufgeben. Die Diagnose, eine seltene, entzündliche, Autoimmun-Erkrankung. Zur selben Zeit begann ich ein Studium zur Ernährung-Psychologischen Beraterin am IKP in Zürich (Institut für Körperzentrierte Psychotherapie). So konnte ich später trotz meiner Erkrankung weiterhin einer herausfordernden Arbeit nachgehen. Arbeiten bedeutet für mich Leidenschaft für eine Sache oder ein Thema. Mich einsetzen für eine gute Sache, für den Menschen. An dem besagten 6. März war alles anders. Nach dem Aufstehen schmerzten meine Unterschenkel stark. Die kleinste Berührung wurde zur Qual. Ich dachte, dass mir ein Spaziergang Linderung verschaffen würde. Dem war leider nicht so. Es vergingen Tage und Wochen und die Schmerzen wurden immer unerträglicher. Die Beine und der Bauch waren mittlerweile stark angeschwollen. Meine Hosen platzten aus allen Nähten, obwohl mein Essverhalten seit Jahren in etwa das Gleiche war. Ich fühlte mich wie zweigeteilt. Die Beine und ich.

Inspiriert durch mein Studium ernährte ich mich noch ausgewogener. Beim nächsten Arztbesuch stand ich auf der Waage und traute meinen Augen kaum. Ich hatte innert fünf Wochen sechs Kilogramm an Gewicht zugelegt. Vielleicht sind es die Wechseljahre? Mit meinen dreiundvierzig Jahren war dies naheliegend. Jeden Tag ging ich trotz Schmerzen spazieren und ass immer weniger. Mein Arzt schaute sich meine Beine an und verschrieb mir Lymphdrainagen. Das nahm mir für ein paar Stunden den Spannungsschmerz. Danach war alles wieder beim Alten. Meine Physiotherapeutin riet mir, einen Gefässspezialisten aufzusuchen. Sie hatte eine Vermutung. Am 6. September 2011, exakt sechs Monate nach meinen ersten Symptomen, konnte ich endlich den Termin beim Spezialisten wahrnehmen. Nach genauen Untersuchungen der Lymph- und Blutgefässe war die Diagnose schnell gestellt. »Sie haben eindeutig ein Lipödem«, teilte mir der Arzt mit. Am liebsten hätte ich laut losgeheult. Genau diese Diagnose wollte ich nicht von ihm hören. Da ich mittlerweile auch schon einiges darüber gehört und gelesen hatte, machte mir diese Diagnose riesig Angst. Es war, als wollte man mir den Boden unter den Füssen wegziehen. Mich überkam eine extreme Wut auf meinen eigenen Körper und ich fragte mich, was das Ganze soll! Es vergingen drei nicht enden wollende Wochen, bis ich die erste für mich persönlich angefertigte, flachgestrickte Kompressionsstrumpfhose Klasse 2 anprobierte. Es benötigte griffige Gummihandschuhe, um diese monströsen Strumpfhosen anziehen zu können. Ich brach vor der Orthopädie-Fachfrau in Tränen aus. Um alles in dieser Welt, konnte ich mir nicht vorstellen, diese einengende, katastrophal aussehende Hose täglich unter den Alltagskleidern zu tragen. Es fühlte sich an wie ein Korsett. Die Farbe Beige, die man mir empfohlen hatte, erinnerte mich an meine Mutter, welche jedoch vierzig Jahre älter war als ich.

Doch bald wurde mir klar, ohne diese Kompressionsversorgung würde mein Körper, den ich mittlerweile nicht mehr als zu mir gehörig empfand, völlig entarten. Ich nenne das so, weil ich mich dieser Erkrankung gegenüber völlig machtlos fühlte. Im Internet las ich, dass kein Sport und keine Diät helfen. Die Fettvermehrung war krankhaft und konnte mit der Zeit, wie in meinem Fall, den Abfluss der Lymphflüssigkeit beeinträchtigen. Ich konnte nur noch ein- bis zweimal mal täglich sehr wenig Urin lösen, obwohl ich zwei bis drei

Liter Flüssigkeit zu mir nahm. Durch die zusätzlichen Wassereinlagerungen im Unterhautfettgewebe der Beine und im Bauch wurde das Treppensteigen oder Bergaufwärtsgehen zur Qual. Mit den Kompressionen und der vorgängigen Lymphdrainage wurden die Symptome teilweise besser. Wann immer es mir möglich war, zog ich die Kompression am Nachmittag für ein bis zwei Stunden aus, um die Beine hochzulegen. Der Druck der Kompression war sehr stark, doch der Widerstand des Lipödems war noch stärker. Es fühlte sich an, als tobte ein unerbittlicher Kampf zwischen meinen Beinen und dem Strumpf. Diese Situation war sehr belastend. Ich erkundigte mich nach einem Arzt, der das krankhafte Fett anhand einer Liposuktion absaugt. Die Operation musste ich selbst bezahlen, weil die Krankenkasse der Meinung war, das Lipödem wäre ein ästhetisches Problem. Unglaublich! Der Eingriff fand im Frühling 2012 statt und verlief gut. Danach waren die Schmerzen in den Beinen sowie die Schwellungen fast vollständig weg. Damit das Ergebnis so blieb, empfahl man mir, die Kompression weiterhin tagsüber zu tragen. Im Sommer bei hohen Temperaturen war das sehr schwierig, den Rest des Jahres war es für mich nach einiger Zeit in Ordnung.

# OHNE EIGENINITIATIVE
# PASSIERT NICHTS

Es braucht sehr viel Eigeninitiative, wenn man sich mit einer Diagnose befassen will, die kaum jemand kennt. Zwischenzeitlich hatte ich viel über die Erkrankung Lipödem recherchiert und fand einige Fachspezialisten. Die Hilfestellung vieler Ärzte war sehr dürftig und das wollte ich ändern. So entschied ich mich, eine Lipödem-Selbsthilfegruppe in meiner Wohnregion aufzubauen. Doch wie bewerkstelligt man das? Das Internet erwies sich mir als eine grosse Starthilfe. Ich hatte mir ein Ziel gesetzt und dieses Ziel wollte ich erreichen. In der Schweiz gab es noch keine Lipödem-Selbsthilfegruppe. Demnach sollte dies die Erste in unserem Land werden. In Deutschland gab es laut Google bereits mehrere. Unser Nachbarland ist um einiges grösser und hat dementsprechend auch mehr Betroffene.

# AUFBAU EINER LIPÖDEM-
## SELBSTHILFEGRUPPE

Mitte Mai 2012 war es dann so weit. Ich hatte mich physisch noch nicht ganz von der Liposuktion an beiden Beinen erholt, dennoch spürte ich eine unerschöpfliche Kraft und Überzeugung in mir. Der richtige Zeitpunkt für den Start meines Projektes war gekommen. In Zusammenarbeit mit der Selbsthilfe Kontaktstelle des Kantons St. Gallen kreierten wir einen Flyer. Diese Flyer verteilte ich in meiner Umgebung an sämtliche Arzt- und Physiotherapiepraxen, in Orthopädie Geschäften, Apotheken, Drogerien und Fitnesscentern. Ich war erstaunt, wie interessiert die zuständigen Personen bezüglich der Krankheit waren. Gleichzeitig war ich schockiert darüber, wie wenig Ärzte die Krankheit Lipödem kannten. Aber genau dies war meine Motivation, mich für die Wahrnehmung der Erkrankung einzusetzen. Ich fühlte mich einmal mehr bestätigt in meiner Arbeit. Es tat mir gut, mich mit voller Kraft und Leidenschaft in dieses Projekt zu knien. Selbst gab ich mir zehn Jahre Zeit, bis die Krankheit in den Leistungskatalog der Krankenkassen aufgenommen werden würde. Ob meine Einschätzung realistisch war? Als positiv denkender Mensch schätzte ich das gesteckte Ziel als erreichbar ein. »Wo ein Wille, ist auch ein Weg.« Diese Zuversicht lehrte mich mein bisheriges Leben. Aber auch im Wissen darum, dass sich Ziele im Verlaufe der Zeit verändern können. Das Leben birgt immer wieder neue Überraschungen, die uns manchmal dazu zwingen, neue Wege zu gehen. Da heisst es, flexibel reagieren und sich neuen Situationen anpassen, ohne das Ziel aus den Augen zu verlieren. Durch meine Erkrankungen war ich immer wieder gezwungen, mich neuen Gegebenheiten anzupassen.

Als nächsten Schritt schrieb ich die Ärztevereine in der näheren Umgebung und eine Zeitung an. Zwischenzeitlich hatte sich durch einen Flyer eine langjährige vom Lipödem betroffene Frau bei mir gemeldet. Ich nenne sie in diesem Buch Sandra. Sie entschloss sich spontan, an diesem Projekt mitzuwirken. Gleichzeitig entdeckte ich, »Internet sei Dank«, dass es in der Schweiz eine Lipödem-Liga gab. Kurzerhand meldete ich mich via E-Mail beim Präsidenten der Liga und bekam prompt eine Antwort. Ich freute mich sehr, denn endlich kam etwas Bewegung in die Sache.

# ZIELE DER LIPÖDEM-
# SELBSTHILFEGRUPPE RHEINTAL

~ Anlaufstelle für die Betroffenen
~ Ärzte, Physiotherapeuten und die Gesellschaft sensibilisieren
~ Anerkennung durch die Krankenkassen
~ Die Forschung anregen

Nach einem Treffen mit dem Präsidenten der Lipödem Liga Schweiz und einigen E-Mails war klar, dass einer Zusammenarbeit nichts im Wege stand. Anfang 2013 kamen auch die angefragte Zeitung und ein Ärzteverein auf uns zu. Schon im Februar konnten Sandra und ich zwei Präsentationen bei Q-Zirkel-Veranstaltungen der Allgemeinärzte in unserer nahen Umgebung durchführen. Auch zwei bekannte Pharmafirmen waren anwesend. Diese applaudierten uns heftig zu und riefen: »Super, weiter so«. Ebenfalls wurde ein ganzseitiger Bericht über das Krankheitsbild Lipödem und unsere ehrenamtliche Arbeit in einer lokalen Zeitung veröffentlicht. Das schlug, im positiven Sinne, ein wie eine Bombe. Es meldeten sich viele Betroffene. Mein Telefon und E-Mail-Account liefen heiss. Das war ein toller Start.

Ich war mittlerweile im fünften Semester meines Studiums als Ernährung-Psychologische Beraterin IKP. Es standen keine nennenswerten Prüfungen an, deshalb hatte ich mir vorgenommen, das Jahr 2013 zu meinem persönlichen Lipödem-Selbsthilfegruppen Jahr zu ernennen.

# ERSTE SELBSTHILFEGRUPPE FÜR LIPÖDEMBETROFFENE IN DER SCHWEIZ

Ich war gespannt, was meine Lipödem Kollegin Sandra und ich alles erreichen würden. Die Zusammenarbeit mit ihr funktionierte so weit gut. Dies, obwohl wir beide sehr harte Köpfe hatten. Wir planten das zweite Treffen der SHG, der zu diesem Zeitpunkt sechs Teilnehmerinnen angehörten. Beim ersten Treffen im Januar waren wir noch zu dritt. Leider waren nicht alle, die mich kontaktierten, bereit, sich mit anderen Betroffenen auszutauschen. Einige hatten resigniert. Zu viel Leid mussten sie bereits erfahren durch das Unverständnis der Mitmenschen und der Ärzte. Das Lipödem wird häufig mit Adipositas verwechselt oder gar als rein ästhetisches Problem abgetan. Das war für uns Betroffene besonders verletzend. Dadurch zogen sich viele aus ihrem sozialen Umfeld zurück und landeten nicht selten aufgrund der massiven psychischen Belastungen in einer Depression. Früher glaubte ich, dass ich wenig Neigung zu einer Depression hätte. Wie überheblich von mir. Im Herbst 2012 kratzte ich gerade noch rechtzeitig die Kurve. Damals begann ich mehr und mehr an meinem Leben zu zweifeln, obwohl ich glaubte, die Lipödem Erkrankung zu diesem Zeitpunkt »im Griff« zu haben. Mir wurde bewusst, dass meine Krankheiten mich beherrschten. Ich war lediglich imstande, gezielt mit Medikamenten und mit flachgestrickten Kompressionsstrumpfhosen dagegen anzukämpfen.

Bereits mein halbes Leben kämpfte ich mit oder vielleicht auch gegen meinen Körper. Als Teenager kämpfte ich gegen ein paar überflüssige Kilos, bis ich an Bulimia nervosa erkrankte. Nach fünf belastenden Jahren begann ein dreijähriger Kampf, um mich aus dieser Sucht wieder zu befreien. Ich gewann ihn aus eigener Kraft! Fachliche Hilfe war zu dieser Zeit Mangelware. Diese intensive Lebenserfahrung stärkte mich und mein Selbstbewusstsein enorm.

# MEIN TRAUM, MEINE LEIDENSCHAFT

Im zarten Alter von 26 Jahren erfüllte ich mir den Wunsch von einem eigenen Friseurgeschäft. Mir gefiel der Gedanke, meine eigene Chefin zu sein und Menschen mit einer schönen Frisur zu beglücken. Ein Traum wurde wahr! Ich hatte mittlerweile meinen Traummann geheiratet und mit ihm einen wundervollen Sohn geschenkt bekommen. Es war alles perfekt! Ich gehörte nicht zu den gestressten Müttern. Nein, ich war eher eine Mutter, die vieles ohne Mühe unter einen Hut brachte, obwohl mein Alltag häufig voll gespickt mit Terminen war. Doch das sollte nicht so bleiben, denn schon einige Jahre später fühlte ich mich häufig müde und angeschlagen. Immer wieder holten mich unerklärliche, grippeartige Symptome ein. Ebenfalls kamen hartnäckige Entzündungen an den Fusssohlen, der Hüfte und der kompletten Wirbelsäule dazu, die sich bis in meine Fingerspitzen auswirkten. Da die Ärzte ratlos waren, gaben sie mir schachtelweise Tabletten mit nach Hause. Ich wusste, irgendetwas stimmte mit meinem Körper nicht mehr. Ohne die Medikamente konnte ich an manchen Tagen kaum mehr arbeiten.

Mein Friseurgeschäft war zu einem florierenden Vierfrau-Betrieb herangewachsen. Im Geschäft liess ich mir nichts anmerken. Nur wer mich sehr gut kannte, bemerkte, wie es um mich stand. Ohne die Unterstützung meiner Familie hätte ich die Hausarbeit und die Arbeit im Geschäft nicht mehr geschafft. Aufgrund der bleiernen Müdigkeit hätte ich fast Tag und Nacht schlafen können.

Die Tage, an denen ich bereits am Morgen den Abend herbeisehnte, häuften sich. Es gab auch Zeiten, da fühlte ich mich wie ein neuer Mensch. Voller Power und Energie. Diese Zeiten nutzte ich, um alles Liegengebliebene nachzuholen. Auch mein Drang, mich regelmässig weiterzubilden und zu reisen, lebte ich weiterhin aus. Die Einblicke in andere Welten und Kulturen belebten meinen Geist. Ich kam immer sehr zufrieden in die Schweiz zurück. Welch grosses Glück, in einem so grossartigen Land leben zu dürfen. Ein Land, in dem niemand hungern muss, ein Land mit einem »lückenlosen« Gesundheitswesen ... Da wären wir wieder beim Thema Lipödem gelandet. Lückenloses Gesundheitswesen? Mir war mittlerweile klar geworden, weshalb die Ärzte nicht sonderlich interessiert waren an der Diagnose Lipödem. Die Gefässspezialisten waren ohne weiteres in der Lage, die Diagnose nach genauer Abklärung zu stellen. Therapieren können sie es jedoch selbst nicht. Eine konservative Behandlung mit regelmässiger Lymphdrainage und Bandagierung bedingt eine erfahrene Physiotherapeutin. Diese leitet die Patientin anschliessend in ein fachkundiges Orthopädie-Geschäft weiter, um eine Kompressionsversorgung auszumessen. Die Kosten für Lymphdrainage wurden von der Krankenkasse nur bezahlt, wenn auf der Verordnung aus einem Lipödem ein Lip-Lymphödem gemacht wurde, da die Krankheit Lipödem nicht im Leistungskatalog aufgeführt war. Das Gleiche galt für die Kompressionstherapie. Aber mal ehrlich, wer trägt schon freiwillig ein solches Monster von Kompressionstrumpfhose? Bestimmt niemand, der nicht an einem Lipödem oder einem Lymphödem erkrankt ist und die dadurch verursachten Schmerzen und Schwellungen ertragen muss. Von einem invasiven Eingriff (Liposuktion) ganz abgesehen. Die Krankenkassen hatten noch nicht eingesehen, dass sich eine Behandlung im frühen Krankheitsstadium positiv auf den Verlauf auswirken konnte. Sie sahen nur die aktuell anfallenden Kosten. Ein minimales Verständnis konnte ich deshalb gegenüber den Ärzten aufbringen. Einige von ihnen hätten bestimmt gerne den Betroffenen eine adäquate

Behandlung empfohlen, wenn es einfacher gewesen wäre. Das Interesse an dieser Krankheit war folglich nicht sonderlich gross. Das war für uns ein weiterer Ansporn, die Ziele der Selbsthilfegruppe weiterzuverfolgen. Durch das Sensibilisieren der Bevölkerung würden die Ärzte in Zukunft häufiger mit der Diagnose Lipödem konfrontiert werden. Das hätte zur Folge, dass der Druck auf die Krankenkassen so gross werden würde, dass sie nicht mehr darum herumkommen würden, die Kosten zu übernehmen. Ein Versuch von mir mit meiner eigenen Krankenkasse scheiterte, als ich den Verantwortlichen eine Kostenaufstellung vorlegte. Die Aufstellung enthielt die zu erwartenden Kosten, wenn ich keine oder eine zu späte Behandlung erhalte. Im Vergleich dazu lieferte ich die Kosten für eine Lipödembehandlung im Anfangsstadium der Krankheit. Je nach Fall wird konservativ und/oder invasiv behandelt und die Kosten auf die zu erwartende Lebensdauer ausgerechnet. Zu meiner grossen Enttäuschung war meine Krankenkasse nicht bereit, meine Kostenaufstellung anzuschauen. Die Antwort war folgende: »Unsere anfallenden Kosten werden nicht durch präventive Behandlungen berechnet. Uns interessieren die effektiven Kosten, die jedes Jahr entstehen. Somit kämen in den nächsten Jahren sehr hohe Kosten auf uns zu.« Mit Zahlen und Fakten kam ich also nicht weiter, jedenfalls nicht direkt bei den Krankenkassen.

Vor kurzem hatte ich mich über ein Kontaktformular auf dessen Homepage ans BAG (Bundesamt für Gesundheit) gewendet. Ich bekam überraschenderweise eine Antwort. Der nette Herr wollte mir als Erstes den Vergleich von Adipositas mit einem Lipom erklären. Das liess ich nicht auf mir sitzen und erklärte ihm den Unterschied zwischen diesen drei Diagnosen. Postwendend schrieb er, dass ihm das Lipödem sehr wohl ein Begriff sei. Er wies mich schliesslich auf ein Meldeformular hin für neue Leistungsanträge. Geht doch! Eine neue Leistung anmelden, das hörte sich einfach an, war jedoch sehr kompliziert. Es wurde eine Liste von Anforderungen, Auflagen,

Studien usw. verlangt. Es fielen wiederholt die Begriffe »Wirtschaftlichkeit, Wirksamkeit und Zweckmässigkeit«. Das hört sich logisch an. Im Übrigen wurde das Lipödem das erste Mal 1940 von zwei amerikanischen Ärzten Allen und Hines beschrieben. (Buch: Erkrankungen des Lymphgefässsystems, S. 380, 5. Auflage, ISBN 978-3-934371-46-0) Erstaunlich, wie lange eine Krankheit nicht als Krankheit gesehen wird, wenn man sich nicht dagegen wehrt.

# AB SOFORT IM NETZ

Februar 2013. Vor ein paar Tagen hatten Sandra, ihr Mann und ich unsere eigene Homepage fertiggestellt. Die informative und anschaulich gewordene Seite sollte Betroffenen eine erste Hilfestellung bieten. Näheres über das Krankheitsbild und dessen aktuelle Behandlungsmöglichkeiten konnten so jederzeit nachgelesen werden. Nebst unseren Selbsthilfegruppentreffen, die jeden 2. Monat stattfanden, wurden auch Aktivitäten und Zeitungsberichte, die immer zahlreicher wurden, veröffentlicht. Ende März 2013 durften wir uns im kleinen Nachbarland Liechtenstein als Selbsthilfegruppe an der Generalversammlung eines Physiotherapeuten-Verbandes vorstellen. Es waren 60 von insgesamt 90 Mitgliedern anwesend. Es folgte eine weitere Präsentation in einem nahegelegenen Spital. Wir schrieben viele Verbände von Ärzten und Physiotherapeuten sowie Zeitungen im Raum Ostschweiz an. Neu teilten Sandra und ich die Arbeit auf, damit wir effizienter arbeiten konnten. Meine Kollegin machte die Anschreibungen und ich war für die Betreuung der Betroffenen, deren Anrufe und für die Treffen zuständig.

Vor einiger Zeit erreichte mich ein Anruf von einer Betroffenen aus Grindelwald. Sie war durch ihre Tochter auf uns aufmerksam gemacht worden. Sie fand uns im Internet. Die Gespräche mit den Betroffenen gaben mir eine grosse Befriedigung. Die jahrelangen Leidensgeschichten waren sehr bewegend, aber auch schmerzhaft. Das Studium zur Ernährung-Psychologischen Beraterin half mir, genügend Distanz zu den schwierigen Themen zu wahren.

# NEUER JOB, NEUE CHANCE

Ich liebte meine Arbeit als Friseurin. Als sich 2007 eine Autoimmun-erkrankung mit einem massiven Schub meldete, war mir am Anfang nicht bewusst, was das für meine Zukunft bedeutete. Von einem Tag auf den anderen konnte ich nur noch halbtags arbeiten. Ich hoffte, dass sich die Situation wieder beruhigen würde und ich in Zukunft wieder mehr arbeiten könnte. Dem war leider nicht so. Ich musste mich mit meiner Krankheit auseinandersetzen und probierte verschiedene Behandlungsmethoden aus. Bedauerlicherweise an-fangs ohne Erfolg. Im Universitätsspital Zürich untersuchte mich ein Arzt, der für dieses Krankheitsbild in der Forschung tätig war. Er meinte damals, dass vielleicht in einigen Jahren ein neues, wirk-sames Medikament auf den Markt kommen würde. Das sollte sich nicht bewahrheiten, deshalb probierte man es mit dem, was bereits vorhanden war. Alle sechs Monate wurden meine Medikamente neu eingestellt und ergänzt. Es war ein Cocktail aus Biologika, Immun-suppressiva und Methotrexat, um nur einige davon zu nennen. Doch die ersehnte positive Wirkung blieb aus. Im Gegenteil ich fühlte mich noch kränker als je zuvor. Nach weiteren eineinhalb Jahren ent-schied ich mich, aus dem Medikamenten-Hamsterrad auszusteigen. Ich erklärte meinem behandelnden Arzt, dass ich ab sofort selbst entscheide, welche Medikamente ich zu mir nehme, ergänzend mit alternativen Behandlungsmethoden. Er akzeptierte.

2010, drei Jahre nach der Diagnose, entschied ich mich schweren Herzens, mein Geschäft aufzugeben. Ich spürte, dass ich nicht mehr lange durchhalten konnte. Gleichzeitig meldete ich mich am IKP für den Studiengang zur Ernährung-Psychologischen Beraterin an. Alles ging sehr schnell. Ich wollte keine Zeit verlieren, denn ich war zu jung, um untätig zu sein. Mein Kopf funktionierte einwandfrei. Die neue Herausforderung musste für mich folgende Kriterien erfüllen: keine körperliche Anstrengung, kein Stehen, keine einseitige Körperhaltung. Mein neuer Beruf musste spannend und geistig fordernd sein. Der Umgang mit Menschen war mir bei der Wahl sehr wichtig. Glücklicherweise bin ich vielseitig veranlagt. Das machte sich nun bezahlt. Meine Leidenschaft für meinen neuen Beruf wurde immer grösser. Man könnte sagen, dank dieser fiesen Erkrankung erhielt ich eine neue Chance. Im Studium schätzte ich die Gelegenheit der Selbsterfahrung sehr. So lernte ich mich selbst besser kennen und konnte aktiv an mir arbeiten. Das kam mir sehr entgegen.

Eine grosse Herausforderung war für mich, als ich in einem der vielen Psychologie-Seminare meine eigene Biografie in der Form eines Märchens schreiben durfte. Die Vorgabe war, die eigene Geschichte vor versammelter Klasse vorzulesen. Ich wollte auf keinen Fall losheulen! Also las ich meine Geschichte so oft durch, bis meine Augen trocken blieben. Dann kam der Tag. Ich war an der Reihe, mein Märchen vorzutragen. Völlig entspannt setzte ich mich auf ein Kissen auf dem Boden. Rund um mich herum sassen meine Studienkolleginnen und die beiden Dozenten. Ohne fühlbare Erregung begann ich vorzulesen. Ich war stolz, es regten sich keinerlei Emotionen in mir. Etwas später sah ich, wie einigen meiner Zuhörerinnen Tränen über die Wangen kullerten. Zweifel stiegen in mir hoch. Hatte ich in meinen Ausführungen übertrieben? Warum heulten die denn bloss? Verunsichert las ich weiter. Dann kam eine Stelle in meinem Märchen, die ich zuvor immer wieder und wieder gelesen hatte, damit ich möglichst »unbeschadet« (ohne Tränenvergiessen) bis zum Ende durchhalten konnte. Doch die Reaktion meiner Zuhörerinnen liessen meine Stimme vibrieren. Mein ganzer Körper bebte. Ich war machtlos. Hilfe, bitte nicht jetzt! Ich spürte, wie ich die Kontrolle über meine Emotionen verlor. Dann fand ich mich völlig aufgelöst wieder. Rund um mich herum heulten einige mit mir. »Reiss dich zusammen«, schimpfte eine innere Stimme mit mir. Mit gezielten Atemzügen versuchte ich, wieder Boden unter den Füssen zu fassen. Nach einigen Minuten gelang es mir schliesslich, mich wieder zu fassen. Meine Vorlesung begleitete mich in Gedanken noch den ganzen Tag. Am Abend, als ich zu Bett ging, las ich in Ruhe mein Märchen nochmals durch und stellte fest, ich hatte weder übertrieben noch hatte ich die Geschichte zu viel ausgeschmückt. Es war meine Geschichte, die ich anscheinend noch nicht ganz verarbeitet hatte.

Eine anstrengende Woche war vorüber. Es war Ostern 2013 und ich erholte mich von den vielen Terminen, von meinem 45. Geburtstag und, und, und ... An diesem Morgen blieb ich beinahe an meinem Bettlaken kleben. Ich war extrem müde! Ich meinte, einen Marathon hinter mir zu haben. Gleich zu Beginn der Woche wurde ich von etlichen Telefonanrufen, Überraschungsbesuchen und Glückwunsch-SMS überrollt. Ich freute mich riesig, dass so viele meiner Freunde und die ganze Familie an mich gedacht hatten. Am späten Abend, als ich zu Bett ging, fühlte ich mich nicht wie fünfundvierzig, sondern mindestens wie achtzig.

In der folgenden Woche fand die Präsentation unserer Selbsthilfegruppe beim Physiotherapeuten Verband im Nachbarland statt und es nahte das zweite Lipödem-Selbsthilfegruppentreffen. Wir waren zu siebt. Beide Anlässe verliefen sehr zufriedenstellend für alle Beteiligten.

# BEDEUTUNG VON »GESUNDHEIT«

Ich hatte beschlossen, einen Blick in die Atemtherapie Ausbildung zu werfen. Falls mir diese Ausbildung zusagen sollte, wollte ich sie 2014 parallel zu meinem aktuellen Studiengang absolvieren. Doch es kam anders. Schnell musste ich einsehen, dass die Ausbildung körperlich anspruchsvoller war, als ich mir eingestehen wollte. Nach mehreren Wochenendseminaren wurde mir klar, meine körperliche Verfassung liess es nicht zu, zusätzlich die zweijährige Ausbildung zu absolvieren. Diese Einsicht war hart und nagte an meinem Selbstbild. Ich wollte erzwingen, was schlichtweg für mich nicht möglich war. An dem Tag, als ich endlich loslassen konnte, fiel es mir wie Schuppen von den Augen. Eine einfache Frage einer Psychologie-Dozentin sollte meinem Leben die richtige Richtung weisen. Sie fragte uns: »Was bedeutet für jeden Einzelnen von euch der Begriff Gesundheit?« Ich schrieb meine Antwort ohne zu zögern auf ein Blatt Papier. Meine Definition lautete: »Gesundheit bedeutet, mich in meinem Alltag physisch und psychisch nicht eingeschränkt zu fühlen.« Nachdem ich den Satz aufgeschrieben hatte, las ich ihn nochmals durch. Was ich da las, öffnete mir schlagartig die Augen. Ich spürte, wie sich Erleichterung und Freude auf meinem Gesicht breit machten. Es war, als ob mich ein Sonnenstrahl geküsst hätte. Als löste sich eine schwere Last von meinem Körper. Eine Last, die ich mir selbst aufgeladen hatte. Mein Herz hüpfte vor Freude und ich konnte es kaum abwarten, bis wir uns zu dieser Frage äussern durften. Als alle meine Studienkolleginnen ebenfalls so weit waren, erzählte ich, dass diese Frage mir soeben meine Augen geöffnet hatte. Dass mir nun endlich klar geworden war, dass die Ausbildung zur Atemtherapeutin, die ich seit Monaten anstrebte, schlicht und einfach nicht für mich geeignet war. Ich würde mich in diesem Beruf immer schlecht fühlen, weil meine physischen Kräfte ungenügend waren. Ich bedankte mich bei der Dozentin für diese Frage. Niemand konnte mit meiner Freude über meine eigene Antwort so richtig etwas anfangen. Das sah ich in den verwirrten Gesichtern um mich herum. Doch das tat meiner Freude keinen Abbruch. Den Rest des Tages schwebte ich wie auf Wolken.

# HÖRT MIR JEMAND ZU?

Es war Mitte April 2013. Ich hatte am Vorabend eine Präsentation in einem Spital, um unsere Lipödem-Selbsthilfegruppe Rheintal vorzustellen. Ich freute mich darauf, mit Sandra die Herausforderung anzugehen. Doch leider war sie krank und so machte ich mich allein auf den Weg. Vom Rheumatologen bis zum Psychiater waren alle anwesend. Sie schienen jedoch nicht sonderlich interessiert zu sein. Ausser zwei sehr motivierten deutschen Ärzten stellte nach meiner Präsentation niemand Fragen. Ob das ein schlechtes Omen war? Dann sagte ich zu mir selbst, irgendetwas bleibt immer hängen. Die Bekanntmachungen des Lipödems und unserer Selbsthilfegruppe fanden hauptsächlich am Abend statt. Ende Mai konnten wir uns bei der Adipositas-Stiftung Schweiz vorstellen. Ich war mir sicher, dass dort die Zuhörer wieder offener und interessierter waren, denn sie kamen alle freiwillig an die Veranstaltung. Ich freute mich schon darauf!

# SHOPPINGTOUR

Endlich war der Frühling bei uns eingezogen. Die Natur explodierte. Doch zu den Freuden gesellte sich auch weniger Erfreuliches. Sobald die Temperaturen anstiegen, wurden die Kompressionstrumpfhosen zur Sauna. Kopf hoch, letzten Sommer hatte ich es auch geschafft. Mittlerweile kannte ich mehrere Frauen, die mit denselben Problemen kämpften. Meine erste Hitzewallung erlebte ich jeweils bereits am Morgen nach dem Anziehen der Kompressionsversorgung. Damit mir die warmen Tage etwas leichter fielen, ging ich an diesem Tag auf Shoppingtour, um mir bequeme und trotzdem kleidsame Flipflops zu kaufen. Aus den Sommerschuhen wurde ein Bikini. Seit ich die Kompressionstrümpfe trage, ist der Schuh- und Kleiderkauf sehr anspruchsvoll geworden. Da bin ich jeweils froh, wenn spontan ein Kleidungsstück passt. Den Bikini benötigte ich für die bevorstehende Kreuzfahrt. Die Verkäuferin war ziemlich geschockt, als sie mich in der Umkleidekabine sah, wie ich den Bikini über die Karamell farbige Kompressionsstrumpfhose anprobierte. Zum Anprobieren war mir das Aus- und Anziehen zu anstrengend. Schuhe kaufen war ebenfalls eine mühselige Angelegenheit. In solchen Momenten war ich mir nicht sicher, ob mir meine frühere Ausbildung zur ganzheitlichen Farb- und Typberaterin eher eine Last oder eine Hilfe war.

# HORMONE

Manchmal dachte ich, wenn ein hübscher Mann mit mir flirtete, wenn der wüsste, dass ich unter meiner Kleidung dicke, gerippte Liebestöter trage. Bei solchen Gedanken musste ich meistens über mich selbst schmunzeln, was das Gegenüber als nette Geste einstufte. Die Pubertät, eine Schwangerschaft und die Menopause begünstigen den Ausbruch der Krankheit erwiesenermassen. Ebenfalls, wenn eine Hormonstörung den Körper durcheinanderbringt. Auch eine Vererbung über Generationen kann eine Ursache sein. Geforscht wurde zu dieser Zeit noch nicht. Man ging davon aus, dass die kleinsten Gefässe, die Kapillaren, mitbeteiligt sind, deshalb hilft die Kompression an den betroffenen Gliedmassen. Die Gefässwände neigen bei uns Betroffenen zu vermehrter Brüchigkeit und sind dadurch zu stark durchlässig. Es entsteht eine grosse Neigung zu blauen Flecken. Manchmal fragte ich mich, warum ich immer Krankheiten bekomme, die noch nicht erforscht sind. Gibt es dafür eine plausible Erklärung? Wohl eher nicht …

Das Lipödem ist so erniedrigend! Mal abgesehen von den urteilenden Mitmenschen und Ärzten, der Machtlosigkeit gegenüber dieser Krankheit, dem Unverständnis des Gesundheitswesens … Viele Betroffene denken, dass sie selbst Schuld sind an den dick geschwollenen Extremitäten. Das Umfeld hat es ihnen seit Jahren eingeredet! Was für eine Erlösung muss es für die Betroffenen sein, wenn sie erfahren, dass sie an einer unheilbaren, jedoch behandelbaren Krankheit leiden. Ich erhoffe mir, dass es für die vielen Lipödempatienten nicht zu spät sein wird. Je weiter das Stadium fortgeschritten ist, desto schwieriger wird eine erfolgreiche Behandlung. Wie sich das anfühlt und wie zeitintensiv das ganze Prozedere ist, wünsche ich keinem Menschen dieser Welt.

# LIPÖDEMBERICHT IM OSTSCHWEIZER ANZEIGER

Der 17. April 2013 war ein spannender Tag. Im Ostschweizer Anzeiger, einer Zeitung, die im Grossraum St. Gallen und dem Rheintal verteilt wird, erschien unser zweiseitiger Bericht über das Lipödem. Ungefähr sechs Wochen zuvor hatte das Interview stattgefunden und einige Tage später das Fotoshooting. Es wurde ein spannender und informativer Bericht über unsere Krankheit und die Selbsthilfegruppe. Es kamen viele positive Feedbacks und weitere Betroffene meldeten sich telefonisch. Noch Tage später wurde ich auf der Strasse und beim Einkaufen von Bekannten, aber auch von Fremden auf die Selbsthilfegruppe und auf die Krankheit Lipödem angesprochen. Das zeigte mir, dass die Menschen interessiert waren und den Artikel gelesen hatten. Noch am selben Tag erhielt ich vom Präsidenten einer Ärztevereinigung, dem ich den Artikel zugesendet hatte, eine Antwort. Darin stand, dass er den Bericht allen Mitgliedern via E-Mail zusenden werde. Wäre er neben mir gestanden, wäre ich ihm freudestrahlend um den Hals gefallen. Ich bedankte mich herzlich bei ihm. Dieser Arzt war zuvor ein harter Brocken. Ich hatte ihn via E-Mail zweimal angefragt, ob er unserer Selbsthilfegruppe die Chance gibt, uns bei einem Q-Zirkel vorzustellen. Die Antwort blieb leider jeweils aus. Aufgeben war keine Option. An einem freien Nachmittag verteilte ich im Toggenburg unsere Flyer an alle Hausarzt- und Physiotherapeuten-Praxen. Das tat ich bereits in anderen Gebieten. Auch bei dem besagten Arzt schaute ich spontan vorbei. Bei der netten

Rezeptionistin bekam ich erfreulicherweise einen Termin bei ihm. Auch kleine Schritte machen glücklich.

# KRAFTPROJEKT LIPÖDEM

Die Zeit verging wie im Flug und es meldeten sich fast täglich neue Betroffene. Das Projekt tat mir gut. Gerade an solchen Tagen wie diesen, wenn mein ganzer Körper schmerzte. Seit Wochen hatte ich wieder einen Krankheitsschub, der mich regelrecht in die Knie zwang. Alles, was ich tat, war zu viel. Das war nichts Neues, aber gewöhnen würde ich mich wohl nie daran. Ich hatte gelernt, dass ich an solchen Tagen am besten die meiste Zeit liegend verbringe. Das aufrechte Stehen oder Sitzen belasteten meine Wirbelsäule und die Füsse zu stark. Das löste bei mir schmerzende Entzündungen aus, die ich kaum in den Griff bekam, wenn ich mich ihnen nicht ergab. Die Medikamentenmenge fuhr ich schon bei den ersten Symptomen hoch. So konnte ich Schlimmeres verhindern. Bis am folgenden Tag sollte es wieder besser sein, so hoffte ich. Ich dachte jeweils an die Zeit vor der Liposuktion zurück. Meine Beine waren damals wegen des Lipödems stark geschwollen und schmerzten zusätzlich. Dann war ich wieder schlagartig zufrieden mit der aktuellen Situation. Mein Wunsch war, dass ich die Kreuzfahrt im östlichen Mittelmeer geniessen konnte. Es blieben mir noch zwei Wochen, bis ich mit meiner Kollegin in See stechen würde. Die Zeit nutzte ich, mich zu erholen. Glücklicherweise genoss ich schon immer einen guten Schlaf. An den Schubtagen schlief ich bis zu 18 Stunden. War der Schub vorbei, hatte ich häufig das Gefühl, ich hätte mehrere Tage verpasst. Dann verspürte ich den Drang, vieles nachzuholen und unter die Menschen zu gehen.

# TREFFEN IN ST. GALLEN

Es war der 27. April 2013. Ein Treffen mit einer vom Lipödem betroffenen Frau aus dem Grossraum Zürich stand an. Ich war gespannt, wie ein Regenschirm, wen ich heute kennenlernen durfte. Bis anhin hatten wir uns seit zwei Monaten ab und an via E-Mail geschrieben. Wenn ich gerade in Zürich war, versuchten wir, einen gemeinsamen Termin zu finden, um uns persönlich kennenzulernen. Doch es kam immer etwas dazwischen. So suchten wir einen Ort und Zeitpunkt, unabhängig von meinen Aufenthalten in Zürich. Das Treffen fand am Hauptbahnhof in St. Gallen statt. Direkt neben einer bekannten Confiserie wartete ich auf die Unbekannte, von der ich einiges wusste und doch so wenig. Ich nenne sie Melina. Sie meinte, sie erkenne mich problemlos, da sie mich auf der Homepage und in den Zeitungsberichten schon gesehen hatte. Selbst beschrieb sie sich als Trägerin von braunen Locken. Ich stand neben der besagten Confiserie und schaute mir die vielen vorbeigehenden Menschen an. Es gab viele Frauen mit braunem, lockigem Haar. Pünktlich wie eine Schweizer Uhr kam eine aufrecht gehende, selbstbewusste junge Frau mit keck hochgestecktem, braunem, lockigem Haar geradewegs auf mich zu. Freundlich lächelte sie schon von weitem in meine Richtung. War Sie das? Ich schaute mich kurz um. Doch es war niemand hinter oder neben mir. Schon stand sie direkt vor mir und sagte gutgelaunt: »Hallo Heidi, das bist du doch, oder? Schön, dich zu sehen!« Grossartig, dass es endlich gelingt, mit unserem Treffen, sagte sie. Wir waren uns auf Anhieb sympathisch. Kurzerhand entschieden wir uns, in Richtung Altstadt zu spazieren und uns dort in ein gemütliches Kaffeehaus zu setzen. Als erstes erzählten wir uns gegenseitig unsere Geschichten von unserem Lipödem. Es fühlte sich gut an, zu spüren, dass das Gegenüber versteht, wovon man spricht. War es doch am Anfang ganz anders. Noch vor einem Jahr schauten mich die Leute häufig geschockt und gleichzeitig ungläubig an, wenn ich Ihnen von meinem Lipödem und seinen Symptomen erzählte. Woher sollten sie wissen, was ein Lipödem ist, wenn es die meisten Ärzte nicht kannten oder wahrhaben wollten? Bei einer feinen Tasse Tee sprachen wir über die unterschiedlichsten Themen. Schnell stellte sich heraus, dass Melina interessiert war, am Selbsthilfegruppenprojekt mitzuarbeiten. Ohne Umschweife fragte ich sie, ob sie bereit wäre, im Raum Zürich selbst eine Gruppe aufzubauen. Sie war begeistert von der Idee, denn sie hatte sich selbst schon Gedanken darüber gemacht. Zwei Stunden später waren wir uns einig, wie wir vorgehen würden, um die zweite Selbsthilfegruppe in der Schweiz aufzubauen. Der Ausflug nach St. Gallen hatte sich gelohnt. Ich freute mich, schon bald Betroffenen in Zürich ebenfalls eine Anlaufstelle anbieten zu können. Einige Tage später trafen Sandra und ich uns bei einer Sitzung. Sie schien begeistert vom neuen Gruppenaufbau in Zürich. Da ich am folgenden Tag für eine Woche in die Ferien verreisen würde, übergab ich ihr die zu beantwortenden E-Mails. Anschliessend sendete ich die besprochenen Details weiter an Melina, unsere neue Partnerin in Zürich.

# NEUE ANLAUFSTELLE FÜR LIPÖDEMBETROFFENE IN ZÜRICH

Wieder zurück von der Kreuzfahrt kletterte ich am nächsten Morgen leicht wehmütig aus dem Bett. Im Verlaufe des Tages verschwanden Koffer und andere Reiseutensilien nach und nach zurück an ihre Plätze, um dort auf ihren nächsten Einsatz zu warten. Danach mussten verpasste Telefonate und E-Mails erledigt und anderes, was liegen geblieben war, aufgearbeitet werden. Schon beim ersten Rückruf hatte ich eine neue Lipödempatientin dazu gewonnen. Grossartig, der Alltag hatte mich wieder und der war gar nicht so übel! Es war Mitte Mai und ich hatte mir vorgenommen, alle drei Selbsthilfeorganisationen im Raume Zürich anzurufen. Melina war zurzeit beruflich stark eingebunden, deshalb bot ich ihr an, diese Telefonate für sie zu übernehmen. Alle drei Kontaktstellen waren sehr hilfsbereit, als ich sie nach ihren Hilfestellungen, die sie bei einem Aufbau leisten würden, fragte. Doch eine Kontaktstelle machte mir von Anfang an den motiviertesten Eindruck. Noch am selben Abend teilte ich Melina via E-Mail mit, wessen Starthilfen ihr geboten würden. Schon am nächsten Morgen teilte sie mir mit, für welche Selbsthilfekontaktstelle sie sich entschieden hatte. Es war dieselbe, die ich gewählt hätte. Nun war es nur noch eine Frage der Zeit, bis die zweite Anlaufstelle für Frauen mit Lipödem in Zürich ihre Tore öffnete. Ich freute mich schon darauf!

Es fiel mir auf, dass ich mich häufig von den Vorfreuden durch mein Leben tragen liess. Den Moment nach getaner Arbeit oder erreichtem Ziel zu geniessen, war bei mir wesentlich kürzer als die Zeit der Vorfreude. Hatte ich ein Projekt oder ein angestrebtes Ziel erreicht, war ich meist in Gedanken schon einen Schritt weiter. Ich war mir bewusst, dass ich lernen musste, mich nach einem Erfolg als Erstes zu erholen und zu geniessen, um danach wieder weiterzumachen. So kann einer aufkommenden Erschöpfung entgegengewirkt werden. Das lernten wir im Studium. Man nennt dies den Handlungs-Entspannungs-Kreis (HEK). In der Psychologie ist der HEK ein dynamisches Prinzip für die Gesunderhaltung, die Weiterentwicklung und die Genesung des Menschen. An erster Stelle des Entspannungskreises steht die neue Idee, die Einsicht, die Planung und die Kreativität, an 2. Stelle die Handlung und an 3. Stelle die Befriedigung und das innere erfüllt sein. An 4. und letzter Stelle stehen die Entspannung und eine kreative Pause.

*(Quelle: Zu innerer Kraft und Energie durch Körperzentrierte Psychotherapie, Dr. med. Dr. Theol. Yvonne Maurer, 2. Auflage 2004, S. 12,13, IBAN 978-3906472058)*

Danach ist es möglich, erholt an eine neue Herausforderung heranzugehen. Bleiben die innere Erfüllung und die Phase der Entspannung über längere Zeit aus, ist die Gefahr an einem Burnout zu erkranken sehr gross.

# EINE WEITERE ANLAUFSTELLE IN GRAUBÜNDEN

Am 21. Mai 2013 erreichte mich eine gute Nachricht aus dem Kanton Graubünden. Mir wurde einige Zeit zuvor angeboten, in Chur eine neue Lipödem-Selbsthilfegruppe zu leiten. Doch zuerst musste diese aufgebaut werden, womit ich sogleich begann. Eine Betroffene aus Chur, die zuerst der Rheintaler-Gruppe beitreten wollte, war begeistert, dass in ihrer Nähe eine Gruppe entstand. Sie meldete sich noch am selben Tag bei mir für die neu entstehende Selbsthilfegruppe an. Das erste Treffen war für den August geplant. Ich erhoffte mir so einiges durch die neuen Mitglieder aus Graubünden. Die Ärzteverbände und die Zeitungen des Kantons sollten mehr Interesse an einer Vorstellung unserer Lipödem-Selbsthilfegruppe und der Lipödem-Erkrankung zeigen.

Entspannt startete ich in einen neuen Tag. Es war der 22. Mai 2013. Meine Vorfreude auf das dritte Rheintaler-Lipödemtreffen war gross. Zum ersten Mal fand es in meinem Wohnort in einem nahegelegenen Restaurant statt. Heute war Sandra an der Reihe, das Treffen zu leiten. Somit musste ich nur die Teilnehmerliste erstellen. Eine knappe Stunde vor dem Treffen erhielt ich eine kurze Mitteilung via SMS. Sandra hatte gesundheitliche Probleme und dies bereits seit einigen Tagen. Somit blieb sie dem heutigen Treffen fern. Ich wollte sie anrufen, um zu fragen, was sie für den Abend vorbereitet hatte. Doch sie reagierte weder auf meinen Anruf noch auf die SMS. Es blieb mir nichts anderes übrig, als zu improvisieren. Ich hatte keine Flyer mehr, diese waren bei Sandra. Meine eigenen hatte ich schon alle fleissig an Ärzte und Physiotherapeuten im Toggenburg verteilt. Meine Flexibilität kam mir entgegen, dennoch ärgerte es mich, bereits zum zweiten Mal innert kurzer Zeit versetzt zu werden. Die sich häufenden, ausstehenden Antworten auf E-Mails und SMS liessen Zweifel in mir aufsteigen. Ein klärendes Gespräch war unausweichlich. Der Abend verlief dennoch sehr gut.

Am nächsten Tag war lernen am IKP angesagt. Meine Studienkolleginnen zu sehen, war für mich immer ein Highlight. Ich wusste, dass ich interessante Neuigkeiten von einer engagierten Mitschülerin erfahren durfte. Einige Wochen zuvor hatte ich an meinen gesamten Bekanntenkreis unseren aktuellen Zeitungsbericht über das Lipödem geschickt. Meine Kollegin aus dem Studium hatte den Bericht ihrem Vorgesetzten weitergeleitet. Sie arbeitete bei einer der grössten Krankenkassen in der Schweiz. Sie sprach mit ihm über unseren Zeitungsbericht, die Lipödem Erkrankung und die Missstände, die im Gesundheitswesen bezüglich der Krankheit herrschen. Ihr Vorgesetzter war eine der zuständigen Personen in der Schweiz, die bestimmen, welche Leistungen in den Krankenkassenkatalogen aufgenommen werden. Meine Kollegin brachte mir Informationsblätter mit. Eine Anleitung, wie eine Krankheit in den Leistungskatalog aufgenommen wird, beziehungsweise wie man dieses aufwendige Projekt angeht. Ein geeignetes Team musste aufgestellt werden für die Umsetzung dieser herausfordernden Aufgabe. Dazu gehörte ein Gefässspezialist, idealerweise einer, der sich mit dem Krankheitsbild des Lipödems auskannte und gleichzeitig fähig war, eine Liposuktion beim Lipödem professionell und routiniert durchzuführen. Zurzeit kannten wir nur eine Person, die infrage kam. Ihn wollte ich zeitnah kontaktieren. An diesem Tag wurde mir einmal mehr bewusst, dass wir nach einem Jahr Arbeit immer noch am Anfang standen. Es blieben noch neun weitere Jahre. Das stimmte mich zuversichtlich. Gleich am nächsten Tag kontaktierte ich den Gefässspezialisten zu unserem Vorhaben und erhielt prompt am selben Tag eine positive Antwort. Das freute mich riesig! Der Arzt, ich nenne ihn in diesem Buch künftig »Doc«, wollte mich zum Gesprächstermin bei der Krankenkasse begleiten und er machte mir den Vorschlag, demnächst einen Vortrag über das Thema Lipödem für betroffene Patienten in Zürich zu organisieren. Wir bekamen die Gelegenheit, uns vorzustellen. Die Selbsthilfe-Kontaktstelle Zürich würde ich ebenfalls um Mithilfe anfragen.

# LIPÖDEM LAWINE

Als ich am nächsten Tag die Selbsthilfe-Kontaktstelle in Zürich kontaktierte, stellte sich heraus, dass eine der zuständigen Personen glaubte, selbst zu den Lipödembetroffenen zu gehören. Das Interesse an einer Mithilfe an unserem Projekt war dementsprechend gross. Noch vor weniger als drei Jahren hatte ich keine Ahnung, dass es diese Krankheit gibt und nun kam es mir vor, als löste das Thema jede Woche eine kleine Lawine aus. Diese positive Phase durften wir auf keinen Fall ungenutzt vorbeiziehen lassen. Mit Zürich konnten wir ein weiteres Gebiet dazu gewinnen.

Jeden Monat erhielten wir mindestens eine neue Zusage für unsere Vorträge und Präsentationen. Eine Genugtuung, von der grossen Vorarbeit zu ernten. Immer mehr betroffene Frauen boten ihre Mithilfe an, die Krankheit Lipödem öffentlich zu machen. Auch im kleinen Nachbarland Liechtenstein fand ich eine motivierte Mithelferin. Es war wichtig, dass die Arbeiten untereinander aufgeteilt wurden. So fühlte sich jede dem Projekt zugehörig und es ging schneller voran. Mittlerweile war es unmöglich, alles allein zu stemmen.

# VORTRAG BEI DER SCHWEIZERISCHEN ADIPOSITAS-STIFTUNG SAPS

Als ich am Morgen danach aufwachte, fühlte ich mich, als hätte ich eine wilde Party gefeiert. Von wegen Party und schon gar nicht wild! Sandra und ich hatten einen Vortrag bei der Schweizerischen-Adipositas-Stiftung SAPS. Eine weitere Studienkollegin hatte mir dieses Treffen vermittelt. Die Präsentation dauerte zwei Stunden inklusive angeregtem Gespräch mit den Zuhörern. Zuvor hatten wir eine zweistündige, anstrengende Anfahrt. Die Hälfte davon standen wir im Stau. Der Abend hatte sich dennoch für uns gelohnt. Wir erfuhren, dass nach einer Magenbypass oder Schlauchmagen Operation durch die starke Gewichtsabnahme nicht selten ein Lipödem zum Vorschein kam. Auch bekamen wir die Gelegenheit, im Herbst an der Jahrestagung der SAPS mit einem Infostand anwesend zu sein. Darauf freuten wir uns.

In Zusammenarbeit mit der Kontaktstelle für Selbsthilfe Graubünden kreierten wir einen Flyer für die neue Lipödem-Selbsthilfegruppe in Chur. Einige Ärzte aus der Gegend wurden persönlich von der Kontaktstelle angeschrieben. Für die Selbsthilfegruppentreffen wurde ein kostenloser Raum zur Verfügung gestellt. Das schätzte ich sehr. Sobald die Flyer bei mir eintrafen, standen Besuche bei der Angiologie Abteilung des Kantonsspital Graubünden und den

Allgemein- und Fachärzten in Chur an. Dafür hatte ich einen ganzen Tag Mitte Juni geplant. Jeder noch so kleine Schritt, der das Projekt voranbrachte, zauberte mir ein Lächeln ins Gesicht.

Unsere Homepage wurde rege besucht. Bei den Zuschriften, meist von neuen, aber auch von Langzeit Betroffenen, handelte es sich meistens um ähnliche Anfragen. Sie wollten wissen, was für Behandlungsmöglichkeiten es im konservativen Bereich gibt. Ob die Krankenkassen die Liposuktion bezahlen oder nicht. Welche Ärzte spezialisiert sind auf Lipödeme und wo man den invasiven Eingriff vornehmen kann. Das Beantworten der E-Mails fiel mir immer leichter. Einige Tage zuvor hatte ich einen Termin bei einem Angiologen im Kantonsspital GR. Es wurde ein sehr interessantes Gespräch. Der Arzt war bereit, seine Hilfe anzubieten. Auch die Idee, eine Spitalinterne Vorstellung der Lipödem-Selbsthilfegruppe zu organisieren, kam gut an. Er versprach, abzuklären, wann dies möglich wäre. Ebenso stellte er den Kontakt zu einer Ärztin von der hauseigenen plastischen Chirurgie her. Diese offene Haltung uns gegenüber freute mich sehr. Voller Energie verteilte ich anschliessend in der Stadt Chur eine beträchtliche Menge an Flyern in verschiedenen Arztpraxen. Es bereitete mir Freude, von Tür zu Tür zu gehen und unser Anliegen kundzutun. Die letzten Flyer brachte ich an diesem Tag in ein Orthopädie-Geschäft. Eine freundliche Dame gab mir einen grossen Stapel Prospekte zum Thema Kompressionsversorgung beim Lipödem mit. Diese wollte ich beim ersten Selbsthilfegruppentreffen in Graubünden den Betroffenen verteilen. Es war mir wichtig, dass wir eine professionelle Hilfestellung in Bezug auf die konservativen sowie invasiven Therapiemöglichkeiten bieten konnten, ebenso neutrale Angaben zu Spezialisten. Die Patientin sollte selbst entscheiden, welcher Arzt/in und welche Therapie für sie das Beste ist.

# TREFFEN MIT HILDE

Sandra konnte bei der nächsten Q-Zirkel-Präsentation eines Hausarztverbandes nicht mit dabei sein. Deshalb fragte ich eine weitere engagierte Lipödembetroffene aus dem unteren Rheintal an. Ich nenne sie Hilde. Sie war spontan bereit, mit mir eine Präsentation bei einem Q-Zirkel des Hausärzteverbandes durchzuführen. Zusammen schauten wir, wer welchen Text vortragen sollte. Das Zeitmanagement bei einem Vortrag ist sehr wichtig. Auch durften wir den Ärzten keine Vorwürfe machen, sondern sie stattdessen ermutigen, die Frühdiagnostik des Lipödems anzustreben. Es gab vieles vorab zu bereden, damit einem erfolgreichen Vortrag nichts im Wege stand. Hilde stellte gleich zu Beginn klar, wie viel Zeit sie bereit war, neben ihrer Arbeit für unser Projekt aufzuwenden. Das schätzte ich sehr. Am späten Abend machten wir uns beide zufrieden auf den Heimweg.

# DIE ERSTEN TEILNEHMER DER SELBSTHILFEGRUPPE GRAUBÜNDEN

Es hatten sich bereits zwei Lipödembetroffene für das erste Treffen in Chur angemeldet. Das stimmte mich zuversichtlich. Auch in Zürich tat sich einiges. Anfang Juli war das erste SHG-Treffen im Selbsthilfecenter in Zürich geplant. Melina und ich nahmen beide an der Sitzung im Selbsthilfecenter teil. Später, wenn die Gruppe aufgebaut sein würde, konnte ich mich zurückziehen und nur noch bei Bedarf mithelfen. Wichtig war, dass wir in engem Kontakt blieben und wichtige Entscheide zusammen besprachen.

Ebenfalls im Juli standen wichtige Gespräche mit dem Lipödem Spezialisten »Doc« an.

Ende August fand nun auch das Treffen mit dem Geschäftsführer der grossen Krankenkasse statt. Das hatte meine Studienkollegin für uns arrangiert. Als Verstärkung für dieses Gespräch konnte ich »Doc« gewinnen. Er sollte mich unterstützen, so war der Plan. Dieses Gespräch musste gut vorbereitet werden, damit wir möglichst viel profitieren konnten.

Für September bekamen wir die Zusage, uns beim Physiotherapeuten Verband in unserer Gegend vorzustellen. Ein paar Tage später betreute ich bei der SAPS-Jahrestagung in Zürich unseren eigenen Infostand. Interessante Gespräche mit dem damaligen

Präsidenten, Heinrich von Grünigen, und einigen Teilnehmern rundeten einen weiteren spannenden Tag ab.

# PRÄSENTATION IM UNTEREN RHEINTAL

Am 25. Juni 2013 hatten Hilde und ich die Präsentation bei einem Hausarztverband im unteren Rheintal. Es waren ungefähr zwanzig Hausärzte anwesend. Für Hilde war es das erste Mal. Das machte sie nervös. Ihr eigener Hausarzt sass auch im Publikum. Ich konnte sie sehr gut verstehen und versuchte, sie zu beruhigen. Zu zweit würden wir das Pferd schaukeln! Ich selbst war wie immer die ersten paar Minuten etwas durch den Wind. Aus meiner bisherigen Erfahrung wusste ich, dass sich meine Nervosität legen würde, sobald ich die einleitenden Sätze gesprochen hatte. Das gab mir Sicherheit, mich nicht davon abhalten zu lassen, weitere Präsentationen zu machen. Zudem spielte es mir nie eine Rolle, wer vor mir sitzt. Die Tatsache war, dass ich mehr über diese Krankheit wusste als die meisten im Publikum. Das Lipödem wurde bis anhin im Medizinstudium sehr stiefmütterlich behandelt. Das erklärt das grosse Unwissen der Allgemeinärzte. An diesem Abend hatten wir sehr aufmerksame Zuhörer. Hätte der Leiter des Q-Zirkels nicht eingegriffen, hätten wir noch viele weitere Fragen beantworten dürfen. Doch es stand schon der nächste Referent am Start. Einem Arzt war es sichtlich peinlich, dass sie sich als Mediziner von uns eine Krankheit beschreiben lassen mussten. Er hatte recht, dennoch ermutigten wir ihn, dazu seine Fragen zu stellen, was er anschliessend rege nutzte. Nie würde ich das Wissen eines Mediziners infrage stellen. Für uns als Selbsthilfegruppe war dieser Abend ein voller Erfolg. Ein paar Tage später fragte ich eine Physiotherapeutin aus meinem Dorf, ob sie beim nächsten Selbsthilfegruppen-Treffen ein Referat halten könnte. Das Thema lautete »Lymphdrainage und Kompressionsverbände beim Lipödem.« Sie hatte mich damals zu Beginn meines Lipödems darauf hingewiesen, mich von einem Gefässspezialisten untersuchen zu lassen. Sie kannte sich mit dem Krankheitsbild sehr gut aus. Noch am selben Abend bekam ich ihre Zusage. Sie schrieb mir via E-Mail, dass sie eine deutliche Zunahme an Überweisungen von Hausärzten für Lymphdrainagen wahrnehme. Das freute mich sehr, dass unsere Vorträge Früchte trugen und unsere Arbeit ernst genommen wurde. Viele Ärzte gaben den Betroffenen einen Flyer von uns mit, mit dem Hinweis, sie sollten sich bei mir melden. So kamen immer mehr betroffene Frauen auf mich zu.

Kürzlich bekam ich eine Anfrage für ein persönliches Interview zum Lipödem. Später sollte es veröffentlicht werden. Gerne nahm ich mir die Zeit dafür. Es war mir wichtig, meine eigene Krankheitsgeschichte nicht zu verdrängen und dennoch gleichzeitig gegen die Missstände im Gesundheitswesen bezüglich der Krankheit anzugehen.

Vor ein paar Tagen hatte ich ein Gespräch mit meiner Anwältin. Sie kämpfte seit Monaten für die Kostengutsprache, meiner eigenen, über ein Jahr zurückliegenden Liposuktion und die flachgestrickten Kompressionsstrumpfhosen. Diese trug ich täglich, damit ich einem Rückfall vorbeugen konnte. Die Angst vor einem Rückfall lag mir ständig im Nacken. Meine Krankenkasse konnte dies nicht verstehen. Ohne Benefit trägt kein Mensch eine flachgestrickte Kompressionsversorgung. Der konstante Druck tut meinen Beinen sehr gut und gibt mir Sicherheit. Solange niemand beweisen kann, dass ein Lipödem nach einer Liposuktion geheilt ist, trage ich diese Kompression kompromisslos. Es ist mein Körper und ich bestimme selbst, ob ich mich vor einer weiteren Entartung meines Körpers schütze oder nicht. Die Krankenkassen sollten dankbar dafür sein, dass ihre Kunden so viel Eigenverantwortung übernehmen. Mittlerweile wartete ich schon beinahe drei Monate auf eine Antwort. Die Anwältin sagte mir, dass die Krankenkasse einen Brief von meinem Diagnosearzt einfordere. Ich war mir zu hundert Prozent sicher, dass ich diesen Brief schon vor einem Jahr zustellen liess. Ich vermutete dahinter eine Verzögerungstaktik. In drei Monaten benötigte ich bereits zwei weitere neue flachgestrickte Versorgungen. Es wäre eine grosse finanzielle Entlastung für mich, wenn bis dahin die Kostengutsprache unter Dach und Fach wäre. Der stolze Preis für die Strümpfe bewegt sich je nach Ausführung zwischen 800 und 1500 Franken pro Stück. Es handelt sich um persönlich angepasste Versorgungen. Man bedenke, damit werden die Beschwerden wie Schmerzen und Schwellungen eingedämmt. Das bedeutet deutlich mehr Lebensqualität für uns Frauen. Somit macht eine Kostenübernahme durch die Krankenkasse auf jeden Fall Sinn.

# EMOTIONALER ANRUF

Die Stimme am anderen Ende des Telefons hörte sich warm und freundlich an. Sie hatte etwas Jugendliches an sich. Wie immer war ich gespannt, was ich zu hören bekam. Zu meinem Erstaunen war es eine ältere Dame, die, wie sie mir erzählte, schon einiges über 80 Jahre alt war. Sie wohnte in einem Altersheim in der Nähe des Bodensees. Sehr erfreut und gleichzeitig emotional berührt, bedankte sie sich bei mir für meine Arbeit mit der Lipödem-Selbsthilfegruppe. Sie erzählte mir von ihrer über dreissigjährige Leidensgeschichte mit dem Lipödem. Man hatte ihr damals die Diagnose gestellt und gleichzeitig gesagt, dass sie nun damit leben musste. Es gäbe keine Medikamente oder andere Behandlungsmöglichkeiten. Bis anhin hatte sie niemanden mit dem gleichen Krankheitsbild kennengelernt. Als sie den Bericht im Tages Anzeiger las, war sie überwältigt. Im Gespräch mit mir hörbar aufgewühlt. Sie freute sich sehr, dass die Krankheit, die ihr Leben dominierte, die ihr so viele Jahre Schmerzen und Schuldgefühle verursachte, jetzt endlich an die Öffentlichkeit kam. Sie selbst hatte die Kraft und den Mut, diesen Schritt zu gehen, nicht gehabt, wie sie selbst sagte. Wir unterhielten uns über eine Stunde lang. Mich hat dieser Anruf zutiefst berührt.

Mir war einmal mehr bewusst, dass viele Frauen über Jahre oder Jahrzehnte vertröstet worden waren mit der Aussage: »Damit müssen sie nun leben!« Gleichzeitig ermahnte man sie, weniger zu essen und mehr Sport zu treiben. So glaubten viele Betroffene, dass sie selbst schuld an den dicken Beinen sind. Ich bin mir sicher, wären weniger als halb so viele Männer vom Lipödem betroffen wie Frauen, dann hätte sich die Medizin schon längst darum gekümmert. Den Männern kann man nicht so einfach eine Schuld anhängen. Im Gegenteil - davon dürften wir uns eine Scheibe abschneiden. Wir Frauen trauen uns nach wie vor zu wenig, uns zur Wehr zu setzen.

Ja, es liegt in der Natur von uns Frauen, dass wir ein dickeres Unterhautfettgewebe haben als das männliche Geschlecht. Das verleiht uns die weiblichen Formen. Das gibt jedoch niemandem das Recht, uns Lipödembetroffenen vorzuwerfen, dass wir zu wenig Sport treiben und zu viel essen. Erst recht nicht, uns eine adäquate Therapie zu verwehren.

Da die Zahl der übergewichtigen und adipösen Menschen ständig zunimmt, wird das Lipödem häufig elegant als selbstverschuldet und an gefuttert abgetan. Doch so einfach ist es nicht. Wenn wir Betroffenen sagen, dass das Lipödem starke Schmerzen verursacht, schauen nicht nur Männer skeptisch, sondern Frauen genauso. Fett verursacht Schmerzen? Also dachten sich viele, dass Lipödembetroffene Simulanten sind. Ich kann niemandem diese Gedanken verübeln. Sie wussten es nicht besser - wie auch, wenn nicht einmal alle Ärzte Bescheid wissen. Ich hoffe trotzdem, dass manche Leserin oder mancher Leser das schlechte Gewissen packt und sich leise über die eventuell ausgesprochenen oder nur gedachten ungerechtfertigten Anschuldigungen schämt.

# ZWEI LIPOSUKTIONEN

Gestern und heute wurden zwei vom Lipödem betroffene Frauen aus dem Raum Zürich operiert. Beide kannte ich persönlich durch meine Arbeit in der Selbsthilfegruppe. Eben bekam ich eine SMS von Elisa. Die OP wurde vor ein paar Minuten beendet. Elisa ist erleichtert, dass alles vorbei ist. Bei ihr konnte der Arzt vorerst nur die Knieregion invasiv behandeln, da das Lipödem schon in einem fortgeschrittenen Stadium war. Ich wünschte ihr, dass sie dennoch eine deutliche Verbesserung verspürte. Elisa hat sich kurzfristig für diese OP entschieden, nachdem sie vor ein paar Wochen die Diagnose Lipödem erhalten hatte. Während Jahrzehnten war das Lipödem durch ihr starkes Übergewicht nicht ersichtlich. Vor ein paar Jahren unterzog sie sich einer Magenbypass Operation. Dadurch verlor sie sehr viel an Gewicht. Auffällig war, dass die Beine trotzdem dick und sehr wulstig blieben. Ihren Hausarzt kümmerte das wenig. Als Sandra und ich unseren Vortrag bei der SAPS durchführten, lernten wir Elisa kennen. Sie erkannte die von uns erläuterten Symptome bei sich wieder. Schon einen Tag später war sie bei ihrem Hausarzt. Sie hielt ihm den Flyer von uns vor sein erstauntes Gesicht und fragte ihn, was er dazu meinte. Er fand, dass es sich bei ihr durchaus um ein Lipödem handeln könnte, das durch ihr früheres Übergewicht überdeckt gewesen war. Ziemlich aufgebracht wendete sie sich damals an mich. Ich riet ihr, eine Zweitmeinung bei einem Spezialisten einzuholen, was sie sogleich tat. Schon kurze Zeit später hatte sie die endgültige Diagnose Lipödem im fortgeschrittenen Stadium. Ich wünschte mir für sie, dass mit der Liposuktion ein langer Leidensweg eine positive Wendung nehmen würde.

Noch am selben Abend fragte ich bei Melina nach, wie ihre OP am Vortag verlaufen war. Sie schrieb, dass sie in der vergangenen Nacht sehr schlecht geschlafen hatte und dass die Schmerzen massiv waren. Ich konnte beiden Frauen sehr gut nachfühlen. Schliesslich war seit meinem Eingriff erst ein Jahr vergangen. Die ersten paar Tage nach der OP waren für mich die schlimmsten. Meine Beine waren von unten bis oben ein einziger Bluterguss, der sich von anfänglich schwarz, in violett, dann blau, grün und zu guter Letzt in Gelb verwandelte. Ich sah damals aus, als hätte mich ein Sattelschlepper überrollt. Meine Erinnerungen waren nach den Erzählungen von Elisa und Melina schlagartig wieder vor meinen Augen. Zu meinem Arzt, der mich damals operiert hatte, sagte ich drei Tage nach der OP bei der Nachuntersuchung: »Nie wieder, lasse ich so einen Eingriff machen.« Doch schon einige Zeit später, als ich mich etwas erholt hatte, verblassten die Erinnerungen. Die positive Entwicklung war eindeutig überwiegend. Dennoch hoffte ich, dass ich wegen des Lipödems nie mehr operiert werden musste. Ich war gespannt, ob sich Melina bis am folgenden Dienstag wieder genug fit fühlte für das Treffen bei der Selbsthilfe-Kontaktstelle Zürich. Sie war sehr optimistisch.

# FUNDAMENT SHG ZÜRICH

Melina hatte in ihrem olivgrünen, knöchellangen Sommerkleid etwas Orientalisches an sich. Ihre verspielten Kringellocken hüpften vergnügt auf ihren nackten Schultern, während sie mir auf dem Bahnsteig entgegenkam. Wie schon beim ersten Treffen in St. Gallen fiel mir ihre heitere, lockere und sehr natürliche Wesensart auf. Ich freute mich darauf, sie zu treffen. Nach einer herzlichen Umarmung zur Begrüssung zeigte Melina in Richtung des Trams. Wir konnten gerade noch rechtzeitig aufspringen. Ein paar Haltestellen weiter stiegen wir wieder aus, um das letzte Stück des Weges zu Fuss zu gehen. Es war ein heisser, schwüler Tag anfangs Juli. Ich war erstaunt, wie Melina locker mit dem Tempo mithalten konnte. Hatte sie doch erst vor ein paar Tagen ihre Liposuktion an den Oberschenkeln hinter sich gebracht. Sie meinte heiter lachend: »Ach weisst du, mein Arzt hat mir geraten, ich soll einfach gehen, gehen, gehen ...«, sagte es und legte nochmals an Tempo zu. Hut ab, sie war hart im Nehmen. Die Schmerzen nach der Operation waren wahrlich kein Honiglecken. Kaum waren wir beim Selbsthilfecenter angekommen, wurden wir von einer jungen Frau herzlich begrüsst. Das Haus befand sich mitten in der Stadt und war in einem ländlichen Stil gebaut, mit grosszügigem Innenhof. Es hatte etwas Vornehmes und Gemütliches zugleich an sich. Melina und ich fühlten uns sofort sehr wohl an diesem Ort. Die Sitzung verlief unkompliziert und sehr entgegenkommend. Ich machte unsere Gesprächspartnerin des Selbsthilfecenters darauf aufmerksam, dass in zwei Tagen gleich um die Ecke eine Präsentation von uns stattfinden würde bei einer

Physiotherapeutengruppe. Sandra und ich würden vor Ort sein. Es wäre grossartig, wenn wir an diesem Anlass die neuen Flyer von der Zürcher Lipödem SHG bereits verteilen könnten. »Kein Problem, das schaffen wir«, meinte sie zuversichtlich. Diese Präsentation war schon seit längerer Zeit geplant. Eine Studienkollegin, sie ist selbst Physiotherapeutin mit eigener Praxis in Zürich, konnte diesen Kontakt herstellen. Zum Schluss wurden uns die Räumlichkeiten des Hauses gezeigt. Diese wurden den Selbsthilfegruppen gegen einen bescheidenen Betrag für die Gruppentreffen zur Verfügung gestellt. Nach dieser erfolgreichen Sitzung verliessen wir zufrieden und motiviert das Gebäude. Kurz darauf trat jeder für sich den Nachhauseweg an.

Der Zug war komplett überfüllt und die Luft war stickig heiss. Die Kleider klebten förmlich an meinem Körper. Am liebsten hätte ich die Kompressionstrumpfhose ausgezogen und in einem hohen Bogen weit weggeschleudert. Doch gerade bei hohen Temperaturen ist sie unverzichtbar. Irgendwie schaffte ich es, die lange Fahrt durchzuhalten. Auf dem letzten Abschnitt der Heimfahrt musste ich den Bus jedoch fluchtartig verlassen, um mich gleich danach zu übergeben. So übel war mir. Den letzten Kilometer lief ich nach einer kurzen Erholungspause zu Fuss nach Hause. Die mittlerweile leicht abgekühlte Luft tat mir gut. Zu Hause angekommen, gönnte ich mir eine kalte Dusche und verschwand sogleich im Bett. Zum Glück hatte ich am nächsten Tag keine Termine geplant.

# PRÄSENTATION BEI DEN PHYSIOTHERAPEUTEN IN ZÜRICH

Gestern hatte sich Sandra doch noch via SMS gemeldet und für den heutigen Abend zugesagt. Pünktlich holte sie mich an diesem 4. Juli von zu Hause ab. Nach einer zweistündigen Irrfahrt durch Umleitungen, Baustellen und mit Parkplatzsuche kamen wir mit fünfzehn Minuten Verspätung ans Ziel. Glücklicherweise waren noch nicht alle Teilnehmenden anwesend. Meine Studienkollegin und einige ihrer Berufskollegen/innen empfingen uns sehr herzlich. Wir fühlten uns sofort wohl in der Physiotherapeutengruppe und starteten einige Minuten später unseren Vortrag. Die Zuhörer/innen waren sichtlich interessiert und stellten am Schluss einige Fragen. Die neuen Flyer für die Lipödem-Selbsthilfegruppe in Zürich wurden fleissig untereinander verteilt. Alle waren erstaunt, dass es schon bald cine Lipödem SHG in Zürich geben würde. Zufrieden und ohne Umwege fuhren wir nach Hause.

# LANGERSEHNTER BRIEF

Nach unendlich langen vierzehn Wochen lag der längst überfällige Brief meiner Krankenkasse in meinem Postfach. Fast schon ehrfürchtig öffnete ich ihn. Wie hätte es anders sein können, es war eine Absage. Auf drei Seiten wurde die Lage aus Sicht der Krankenkasse dargelegt. Seit mehreren Monaten kämpfte meine Anwältin um die Kostengutsprache für meine um ein Jahr zurückliegende Liposuktion und die Kompressionsbestrumpfung. Leider einmal mehr ohne Erfolg. Ich war sehr froh, dass ich bereits einen Rechtsschutz hatte. Nicht auszudenken, welche Kosten ansonsten auf mich zukämen.

Zwei Wochen zuvor hatte die Krankenkasse noch einmal den Brief von meinem diagnostizierenden Arzt angefordert. Nun wurde mir genau der Inhalt dieses Diagnosebriefes zum Verhängnis. In der brieflichen Aussage des diagnostizierenden Arztes stand, dass das vorliegende Stadium medizinisch unbedenklich sei. Trotz dieser herben Niederlage blieb ich erstaunlich ruhig. Meine Stimmung zu diesem Zeitpunkt könnte man folgendermassen beschreiben: Mir ging es so weit gut. Ich spürte keine Wut und auch keine Trauer. Meinen Zustand hätte man als emotionslos beschreiben können. War da etwa eine Gleichgültigkeit, die sich in mir breit machte oder war das der Beginn einer Resignation? Noch den ganzen Nachmittag machte ich mir Gedanken über meine momentane mentale Verfassung, die mich aufhorchen liess. Warum reagierte ich plötzlich so gelassen? Noch am selben Abend kam ich zum Schluss, dass ich weder gleichgültig war noch resignierte. Ich nahm die Absage nicht mehr persönlich, wie zuvor. Erfreulicherweise brach nicht mehr die halbe Welt zusammen, nur weil ich eine Absage erhalten hatte. Über meinen grossartigen Entwicklungsschritt freute ich mich noch den ganzen Rest des Tages.

# NÄCHTLICHE PROBLEMBEWÄLTIGUNG

Doch die folgende Nacht hatte es in sich. Ich sass gefühlte zehn Stunden meiner Krankenkasse als Verfasserin des Briefes gegenüber und warf ihr alles Unschöne, in Form von messerscharfen, spitzen Worten, an den imaginären Kopf. Der hatte ich es aber so was von gegeben! Es tat so richtig gut. Diese Art der Verarbeitung des Tagesgeschehens gefiel mir. Frisch erholt nach dieser harten, kämpferischen Nacht, stieg ich am darauf folgenden Morgen überraschend fit aus meinem Bett und gönnte mir ein herzhaftes Frühstück. Während die Sonne mich durch das Küchenfenster anlachte, hing ich meinen Gedanken nach. Da war wohl etwas vom Vortag hängen geblieben und ich dachte schon, ich sei darüber hinweg. Ich hatte mich geirrt.

Damit Sie verstehen können, was mich in dieser Nacht so stark bewegt hatte, zitiere ich wörtlich aus dem Brief meiner Krankenkasse: »Die Ansicht des Vertrauensarztes der Krankenkasse deckt sich mit derjenigen von Dr. X, welcher das diagnostizierte Lipödem Stadium 1 von medizinischer Seite her als unbedenklich einstufte. Die Krankenkasse hat die Kosten für Lymphdrainage folglich zu Unrecht übernommen; gleich verhält es sich mit der Kostenübernahme für massgeschneiderte Stützstrümpfe, welche Dr. X nicht verordnet hatte. Dr. X hat therapeutisch schenkelhohe, medizinische Kompressionsstrümpfe der Klasse 2 vorgeschlagen. An unserem ablehnenden Entscheid für die Liposuktion sowie für Kompressions-Massstrümpfe halten wir deshalb fest. Die Krankenkasse verzichtet auf eine Rückforderung der von ihr zu Unrecht erbrachten Leistungen.« Wie edel! Als ob jemand freiwillig diese monströsen Kompressionsstrumpfhosen anziehen würde, ohne einen gesundheitlichen Mehrwert zu haben. Da müsste ich schon eine masochistische Neigung haben und die habe ich definitiv nicht! Herrn Dr. X, der mir vor bald zwei Jahren das Lipödem Stadium 1 diagnostiziert hatte, wollte ich noch in derselben Woche besuchen. Nicht wegen dieses negativen Entscheids, sondern weil ich mit ihm über die Zusammenarbeit mit der Selbsthilfegruppe reden wollte. Eine Bemerkung würde ich mir jedoch schon erlauben, besonders was die schenkelhohen Stützstrümpfe angeht. Diese wären bei mir kontraproduktiv, da das Problem nach oben verschoben würde, was eindeutig nicht erwünscht war.

# TREFFEN MIT DOC

Das Treffen mit Doc verlief sehr zu meiner Zufriedenheit. Im Gespräch ging es darum, wie wir in Zukunft weiterfahren werden. Er plante in diversen grossen Städten quer durch die Schweiz Vorträge zum Thema Lipödem. Wir durften unsere Selbsthilfegruppen vorstellen. Der erste Vortrag sollte in Zürich stattfinden. Die Räumlichkeiten für diesen Anlass stellte uns das Selbsthilfecenter Zürich zur Verfügung. Das Publikum sollte über Inserate in lokalen Zeitungen und im »20 Minuten« erreicht werden. Darum kümmerte sich Doc.

Einen Tag später hatte ich ein interessantes Gespräch mit einer leitenden Ärztin der plastischen Chirurgie in einem grossen Spital in der Ostschweiz. Sie wurde mir von einem Angiologen in Chur, der im selben Spital arbeitete, empfohlen. Die Chirurgin fand die Arbeit der Lipödem-Selbsthilfegruppe sehr wichtig, wie fast alle, die ich kannte. Was mich interessierte, war, dass die Ärztin die Tumeszenztechnik bei der Liposuktion anwendete und dies auch bei Lipödempatienten. Das zu hören war für mich wie Musik in meinen Ohren. Wir hatten erneut jemanden dazu gewonnen, den wir in dieser Gegend weiterempfehlen konnten. Die zuvor zwingend nötigen Untersuchungen wurden ebenfalls im Haus angeboten. Es ist wichtig, zuerst eine konservative Behandlung durchzuführen, bevor man eine Liposuktion in Betracht zieht. Spricht man ungenügend auf diese an, könnte man eine Liposuktion in Erwägung ziehen. Ein operativer Eingriff birgt immer Risiken, die nicht unterschätzt werden sollten. Zum Abschied wünschte sie mir fast schon eindringlich, dass mir hoffentlich nie die Puste ausgehe, um für diese wichtige Sache weiterzukämpfen.

Am nächsten Morgen rief ich meine Anwältin an. Sie befand die Absage der Kostengutsprache ebenfalls als sehr stossend. Sie wollte noch einige Unterlagen abwarten, die sie von der Krankenkasse zur Einsicht eingefordert hatte. Der Rechtsschutz hatte der Anwältin grünes Licht gegeben für das Weiterziehen meines Falles. Das war eine gute Nachricht und trotzdem war ich mir nicht mehr sicher, ob es sich lohnt, für meinen eigenen Fall weiterzukämpfen. Für die Anwältin waren die ganzen Missstände in Bezug auf das Lipödem jedoch spannend. Eines war für mich klar, auch wenn die Kosten für die Kompressionsstrumpfhosen nicht übernommen würden, ich würde sie weiterhin tragen. Ich konnte meinem Körper nicht zumuten, in ein paar Jahren erneut eine Liposuktion über sich ergehen zu lassen. Ein gesunder Mensch verkraftet diesen Eingriff bedeutend besser als mein ohnehin schon geschwächter Leib. Ich hatte nach meiner Liposuktion noch monatelang geschwollene Lymphknoten, weil mein Lymphsystem überlastet war. Da das Lipödem therapierbar, jedoch nicht heilbar ist, ist mir das Risiko schlichtweg zu gross.

# UNBEWUSSTE ABRECHNUNG

Ein Termin mit meinem Diagnosearzt stand an. Die Begrüssung zwischen ihm und mir fiel leicht unterkühlt aus. Er bat mich, Platz zu nehmen. Es war derselbe Stuhl wie damals vor fast zwei Jahren. Ein nicht berechenbares Unbehagen stieg in mir hoch. Es fühlte sich an, als ob jemand anderes in mir die Kontrolle übernehmen wollte. Statt wie üblich die Lipödem-Selbsthilfegruppe Rheintal vorzustellen, platzte es vorwurfsvoll aus mir heraus: »Vor zwei Jahren haben sie mir die Diagnose Lipödem mitgeteilt. Ist ihnen bewusst, wie ich mich danach fühlte? Mittlerweile melden sich bei mir immer mehr Betroffene, nachdem sie von ihnen die Diagnose Lipödem erhalten haben. Die Frauen sind völlig aufgelöst und ich wende jedes Mal eine Menge Zeit auf, um sie zu beruhigen und zu stabilisieren.« Ich schnappte nach Luft und der Arzt war sichtlich geschockt über mein loses Mundwerk. Was war nur los mit mir? Seit ich diesen Raum betreten hatte, erkannte ich mich kaum wieder. Ich wollte ihn doch von unserer Aufklärungsarbeit überzeugen und nicht schockieren. Der Arzt versuchte, sichtlich nach Worten ringend und sehr umfänglich, meine Fragen zu beantworten. Ich wurde etwas verlegen und entschuldigte mich für meinen Tonfall. Ich erklärte ihm, dass ich herausfinden möchte, ob eine Zusammenarbeit zwischen ihm und unserer Selbsthilfegruppe Sinn macht. Für kurze Zeit glaubte ich, ich hätte mich beruhigt. Doch eine weitere Frage drängte sich mir auf: »Weshalb empfehlen sie den Patientinnen für eine Liposuktion in den hohen Norden zu reisen?« Der Arzt erwiderte, dass es in der Schweiz keine seriösen plastischen Chirurgen geben würde oder er zumindest keinen kenne. Er fragte mich, ob ich ihm die Schuld dafür gebe, dass es seinen Patientinnen schlecht geht, nachdem sie bei ihm waren. Mit fester Stimme entgegnete ich, dass ich von ihm als Arzt erwarte, dass es ihm bewusst ist, was diese Diagnose bei den Patientinnen auslöst. Einen kurzen Moment dachte ich, er setzt mich gleich vor die Türe. Doch wie von Zauberhand gelang es mir, die heikle Lage zu beruhigen. Dann sprach ich weiter. Als ich damals nach der Diagnose ihre Praxis verlassen hatte, brach ich in Tränen aus. Ich hatte keine Selbsthilfegruppe, die mich auffangen konnte. Es hing alles an meiner Familie. Ich hatte monatelang zu kämpfen, um mit dieser fiesen Krankheit umgehen zu können. Ich fragte ihn, ob er sich das vorstellen könne. Am Ende des Termins sagte der Arzt etwas niedergeschlagen, dass noch nie jemand zuvor mit ihm so offen darüber geredet habe. Zum Schluss legte ich ihm noch einen Bund Flyer auf das Pult. Etwas unbeholfen sagte ich, dass ich trotz holprigem Start auf eine gute Zusammenarbeit hoffe. Er nickte. Wir verabschiedeten uns mit gegenseitigem Respekt. Nach diesem misslungenen Gespräch setzte ich mich ins nächste Kaffeehaus und bestellte mir einen doppelten Espresso. Mir ging es nicht nur besser, sondern richtig gut! Ich fühlte mich erleichtert. Ich musste über die Situation und über die sich ständig wechselnden Gesichtsausdrücke des Arztes schmunzeln. Langsam und genüsslich liess ich eine Praline, die ich zum Espresso serviert bekam, auf meiner Zunge schmelzen. Das war so lecker und tat so gut …

# INTERVIEW MIT BEOBACHTER AM 17. JULI 2013

Leicht unruhig stieg ich an diesem Morgen aus den Federn und freute mich auf das telefonische Interview an diesem Nachmittag. Einige Tage zuvor hatte mir die Redakteurin des Beobachters schriftlich viele Fragen zugeschickt. Es beanspruchte einige Zeit, alles zu beantworten. Auch Doc wurde um seinen fachlichen Rat gefragt. Die Redakteurin schien interessiert am bis anhin unbeachteten Thema zu sein. Ich war sehr gespannt auf den Artikel, der voraussichtlich im August oder September 2013 im Beobachter erscheinen würde. Diese Zeitschrift wurde in der ganzen Schweiz gerne und oft gelesen. Das war für uns sehr wichtig. So erreichten wir einen grossen Teil der Schweizer Leser/innen. In vielen Arzt- und Therapeutenpraxen lag diese Zeitschrift in den Wartezimmern auf. Doch nicht genug. Eine Woche später bekam ich die Zusage von einer weiteren grossen Zeitung, die ebenfalls interessiert war, eine Reportage über das Lipödem und seine Betroffenen zu machen. Meine Hartnäckigkeit hatte sich ausbezahlt. Denn zuvor kassierte ich zwei Absagen. Die freundliche Journalistin der Zeitung, die das ganze Graubünden, Glarnerland und das Zürcher Oberland abdeckte, war sehr aufgeschlossen und interessiert an diesem Thema. Für diesen redaktionellen Bericht wollte ich eine Patientin aus Graubünden mit einbeziehen. Ich fragte via E-Mail einige Betroffene an. In Zukunft sollten auch andere Betroffene über sich erzählen, sofern sie das möchten. Mir war es wichtig, dass sich immer wieder neue Gesichter an den Berichten beteiligten.

# HUNDSTAGE

Eine kühle, steife Brise holte mich aus dem kurzen Mittagsschlaf. Endlich setzte eine Kaltfront den heissen Tagen ein Ende. Schon einige aufeinander folgende Tage kletterte das Thermometer auf unangenehme 36 bis 37 Grad Celsius. Ich war bestimmt nicht die Einzige, die eine Abkühlung herbeisehnte. Hundstage hatten auch etwas Gutes. Ich fand heraus, dass ein grosser Unterschied der Wirkung auf meine Beine bei meinen zwei Kompressionstrumpfhosen bestand. Ich besass zwei flachgestrickte Kompressionsstrumpfhosen Klasse zwei. Eine in Karamell und eine in Anthrazit. Beide waren mit den gleichen Massen von derselben deutschen Firma gestrickt. Trotzdem war die Karamellfarbene weniger eng, was ich beim Anziehen als angenehm empfand. Bei tieferen Temperaturen bemerkte ich den Unterschied der Wirkung weniger. Doch wenn das Thermometer über 30 Grad Celsius kletterte, spürte ich einen grossen Unterschied. Die enger sitzende war deutlich wirksamer, was die Neigung zu einem Ödem betraf. Die Beine fühlten sich leichter und weniger müde an. Ob das andere Betroffene auch wahrnahmen? Das könnte ein Gesprächsthema für das nächste Selbsthilfegruppentreffen sein. Es war Ende Juli und ich freute mich auf das Rheintaler und Bündner SHG Treffen. Beide fanden gegen Ende August statt.

# ÜBERRASCHENDER ANDRANG

Es war Anfang August und es schien, als ob alle Frauen mit Lipödem gleichzeitig aus den Ferien zurückgekehrt wären. Gleich fünf neue Betroffene aus verschiedenen Regionen hatten sich an diesem Tag gemeldet. Die meisten via E-Mail, eine Person telefonisch. Erfreulicherweise konnte ich zwei Personen weiter vermitteln. Sie suchten eine Frau, die seit der Liposuktion an den Beinen nun auch an den Armen betroffen war. Bei beiden Frauen war die Liposuktion an den Beinen sehr erfolgreich verlaufen. Zwei bis drei Eingriffe an den unteren Extremitäten waren die Norm. Eine vierundzwanzigjährige Frau erzählte mir, dass sie für den Geldbetrag für die Operation ein neues Auto hätte kaufen können. Sie war drei Jahre nach dem Ausbruch der Krankheit bereits im Stadium zwei und dies in ihrem zarten Alter. So schnell konnte die Krankheit fortschreiten. Ich war sehr froh, meinen Eingriff so früh gemacht zu haben. Ich möchte nicht wissen, wie sich das Lipödem bei mir weiterentwickelt hätte. Die Frau am Telefon erzählte mir, dass sie seit dem Eingriff keine Kompressionsstrumpfhose mehr trage. Sie hätte keinerlei Neigungen zu Schwellungen mehr. Das freute mich sehr für sie. Der letzte Eingriff war jedoch erst vor sechs Monaten. Leider begannen nun ihre Arme anzuschwellen.

# BERICHT IM W&O VOM 6. AUGUST 2013

Vor ein paar Wochen verabredete sich Sandra mit einer Journalistin der Werdenberger&Obertoggenburger Zeitung für ein Interview. Wann der Bericht erscheinen würde, wurde nicht kommuniziert. Um so grösser war die Überraschung an diesem Morgen. Wir waren gespannt auf die Reaktionen. Am Nachmittag stand ein Treffen mit einer langjährigen, vom Lipödem betroffenen Frau aus der Region an. Wir trafen uns im Restaurant eines nahegelegenen Einkaufscenters. Das Thermometer zeigte einmal mehr 33 Grad Celsius. Auf der Fahrt zum Treffpunkt genoss ich die kalte Luft aus der Klimaanlage. Das Restaurant war klimatisiert, dennoch klebten meine Kleider am Körper. Trotzdem wurde es ein sehr interessantes Gespräch und ich spürte, wir hatten dieselben Ziele. Sie kämpfte schon seit Jahren für Kostenübernahmen durch die Krankenkasse. Sie befand sich im Stadium drei und hatte bereits sieben Liposuktionen hinter sich. Erst seit sie im Stadium drei war, gestand ihr die Krankenkasse zu, dass ihre Beine und Arme einen Krankheitswert zeigten. Weshalb müssen Lipödempatienten sich jahrelang anhören, dass es sich um ein ästhetisches Problem handelt? Warum schiebt man uns die Schuld zu? Erst wenn wir unseren eigenen Körper nicht mehr wieder erkennen, die Beine und Arme entartet sind, gesteht man uns einen Krankheitswert zu. Wer nimmt sich das Recht, über uns zu urteilen? Ich lernte sehr viele Patientinnen kennen, die schon seit Jahrzehnten an der Krankheit litten. Das machte mich sehr betroffen. Diese absurde Ungerechtigkeit spornte mich gleichzeitig immer mehr an. Nach zwei Stunden intensivem Gespräch und noch intensiverem Schwitzen verabschiedeten wir uns herzlich und verabredeten uns gleich für das nächste Gruppentreffen in zwei Wochen. Sie meldete auch ihre vom Lipödem betroffene Kollegin an.

# AUFGEBEN ... OHNE MICH

Aufgeben? Diesen Triumph werde ich meiner Krankenkasse nicht gönnen. Die kannten meinen harten Toggenburgerschädel noch nicht. Beinahe glaubte ich, meine Anwältin hätte das Interesse an meinem Fall wieder verloren. Glücklicherweise war es nicht so. Sie weilte lediglich für zwei Wochen in den Ferien. Als ich sie wieder erreichen konnte, wirkte sie am Anfang des Gespräches etwas ratlos, wenn nicht gar mutlos. Doch als ich ihr von den vielen Lipödembetroffenen erzählte, die ich in den letzten Tagen und Wochen kennenlernen durfte, packte sie erneut das Fieber. Die Anwältin war sehr beeindruckt und gleichzeitig ziemlich geschockt von meinen Erzählungen. Betroffene Frauen, die nicht ernst genommen und mit verachtenden Blicken bestraft wurden. Lipödempatientinnen müssen sich bis heute von Ärzten und anderen Fachpersonen anhören, dass sie disziplinierter sein müssten bei der Ernährung und beim Sport. »Machen sie eine Diät! Sie sollten dringend abnehmen! Bewegen, bewegen und nochmals bewegen.« Dies sind so die gängigen Sprüche, die sie von Ärzten zu hören bekommen. Nicht selten haben diese selbst wohlgenährte Bäuche.

Ich lernte zu Beginn meiner Recherche- und Aufklärungsarbeit eine junge Patientin kennen. Jeden Tag trainierte sie vor und nach der Arbeit in ihrem eigenen Kosmetikstudio insgesamt vier Stunden auf dem Hometrainer und dem Laufband. Der gesamte Oberkörper ab Mitte des Bauches bestand nur aus Muskeln. Kein Gramm Fett war zu sehen. Die Beine im Gegensatz wirkten wie zwei dicke Säulen, vom Oberschenkel bis zum Knöchel, mit demselben Umfang.

Bei einer Gewichtsabnahme verringern sich die krankhaften Fettansammlungen beim Lipödem nicht im gleichen Masse. Auch Bewegung und Sport haben ihre Grenzen, wie das Beispiel der jungen disziplinierten Frau eindrücklich zeigt. Sehr viele Frauen mit Lipödem schlitterten in ein gestörtes Essverhalten, teilweise in eine bedrohliche Essstörung. Sind es die Hormone oder die kleinsten Gefässe? Sind die Kapillaren zu durchlässig, oder doch nicht? Niemand konnte uns damals eine verbindliche Antwort geben. Verschiedene Theorien von verschiedenen Ärzten wechselten sich ab. Wir Betroffenen standen allein da und glaubten von allem ein bisschen. Wie wir später erfuhren, war das Lipödem für die Forschung nicht interessant. Es war kein Gewinn in Aussicht. Selbst stellte ich fest, dass die persönlich angepasste, flachgestrickte Kompressionsstrumpfhose einen grossen Nutzen brachte. Das hörte ich auch von anderen vom Lipödembetroffenen. Das zeigte mir, dass die Gefässe in irgendeiner Weise mitbeteiligt waren. Durch den starken Druck auf die Gefässe funktioniert der Austausch von verschiedenen Mikronährstoffen in den kleinsten Gefässen besser. Die Lymphflüssigkeit kann abtransportiert werden und wirkt somit Ödemen entgegen. Bei mir selbst stellte ich fest, dass sich hormonelle Veränderungen und Störungen negativ auf meine Beine auswirkten. Betreffend Beteiligung der Hormone waren sich anfangs mehr Ärzte einig als bei der Annahme, dass die Gefässe beim Krankheitsbild Lipödem mitbeteiligt sind. Alle Spezialisten, die ich bis anhin kennengelernt hatte – auch selbsternannte – befragte ich. Manche hatten keine Meinung dazu.

# NEUE LIPÖDEM BROSCHÜRE VON DOC

Doc meldete sich zurück aus seinen Ferien. Er hatte eine Lipödem-Broschüre erstellt. Vor dem Druck erlaubte er mir, Ergänzungen und eventuelle Änderungen dazu mitzuteilen. Als Ernährungsfachfrau im sechsten Semester gab er mir den Auftrag, die Ernährung beim Lipödem auf Papier zu bringen. Damit befasste ich mich bereits seit Beginn des Studiums. Meine eigene Ernährung war gleichzeitig mein Forschungsprojekt, wenn auch noch im stillen Kämmerlein. Es entstand eine informative, gelungene Broschüre.

Es trafen zahlreiche Anmeldungen für das vierte Lipödem-Selbsthilfegruppentreffen im Rheintal ein. Mein Adressenverzeichnis wuchs stetig an. Am Treffen war ein Referat von einer Physiotherapeutin aus unserem Dorf geplant, zum Thema: »Lymphdrainage und Kompressionsverbände beim Lipödem - deren Wirkung und Nutzen«. Ein paar Tage später fand das erste Treffen in Chur statt.

# VIERTE LIPÖDEM-SELBSTHILFEGRUPPE IST IN AUSSICHT

Es war das erste Mal, dass sich eine Frau mit Lipödem meldete, die sich kritisch über unsere Homepage äusserte, jedoch völlig berechtigt. In ein paar kurzen Sätzen teilte sie mir mit, dass sie enttäuscht war, dass wir vor allem die Liposuktion fördern wollten. Das Thema Eigenverantwortung, Sport und ausgewogene Ernährung wurde nicht auf der Homepage erwähnt. Da hatte die Dame voll ins Schwarze getroffen. Das hatten wir tatsächlich vergessen. Vor lauter Treffen mit Ärzten und schreiben von Zeitungsberichten, Interviews usw. hatten wir die Homepage nicht mehr gefüttert. Ich fand es grossartig, dass uns jemand darauf aufmerksam machte. Kaum zwei Stunden später unterhielten wir uns telefonisch. Lena, so nenne ich sie in diesem Buch, hatte etwas Fröhliches, Mitreissendes, aber auch forderndes an sich. Nach einer weiteren Stunde waren wir beim Du und verabredeten uns für das baldige Gruppentreffen. Lena erklärte sich bereit, eine weitere Selbsthilfegruppe in St. Gallen aufzubauen. Mein Herz hüpfte … es gab einige Betroffene aus dieser Gegend. Sie waren bestimmt froh, wenn sie nicht mehr so weit fahren mussten. Ich freute mich, Lena bald persönlich kennenzulernen.

# REAKTION VON DOC

Die Reaktion kam postwendend auf meine Ernährungsempfehlungen. Leider teilte mir Doc mit, dass er beim Treffen mit dem Geschäftsführer der grossen Krankenkasse nicht teilnehmen konnte. Er bot mir an, den Termin zu verschieben. Dazu war ich nicht bereit. Es würde bestimmt Monate dauern, bis wir einen neuen Termin erhalten würden. Beim morgigen Selbsthilfegruppentreffen Rheintal wollte ich das Thema aufgreifen. Vielleicht würde mich jemand anderes begleiten.

Am nächsten Morgen erstellte ich die Teilnehmerliste für den Abend. Die Anmeldungen waren zahlreicher denn je. Ich musste im Restaurant, in dem unser heutiges Treffen stattfand, anrufen, um einen grösseren Raum zu reservieren. Die Verantwortlichen waren sehr entgegenkommend und stellten uns den Raum kostenlos zur Verfügung. Da wir eine Non-Profit-Selbsthilfegruppe waren, bezahlten wir Leiterinnen alles aus eigener Tasche. Dieses Thema mussten wir heute ansprechen. Ich bekam von einer Frau, die mehrere Selbsthilfegruppen zu anderen Themen aufgebaut hatte, hilfreiche Tipps. Zukünftig bezahlt pro Treffen jede Teilnehmerin eine Kleinigkeit in eine Kasse. So würden wir in Zukunft die Homepage und andere kleine Aufwände teilweise abdecken können. Die Kosten für die vielen Fahrten an Vorträge, Treffen, Flyer usw. mussten wir weiterhin selbst finanzieren. In naher Zukunft planten wir einen Verein. Das war eines der grossen Ziele für 2014. Die Frauen, die sich für den heutigen Abend angemeldet hatten, trafen pünktlich ein. Wir zählten siebzehn Teilnehmerinnen. Die geladene Physiotherapeutin

hielt ein spannendes Referat über die Lymphdrainage beim Lipödem. Viele Zuhörerinnen wurden angespornt, die konservative Behandlung konsequenter durchzuführen. Anschliessend wurden viele
Fragen gestellt und rege diskutiert. Die zweite Stunde nutzten wir
für den gegenseitigen Erfahrungsaustausch. Zum Schluss las ich folgendes Zitat vor:

»Jeder Mensch hat das Recht auf medizinische Hilfe und die Ach-
tung seiner Würde.«

*(Ärzte ohne Grenzen, Dr. James Orbinsky, internationaler Präsident von
MSF, bei der Entgegennahme des Nobelpreises am 10. Dez. 1999)*

Mit dieser treffenden Zeile schlossen wir unser viertes, bewegendes
Lipödem SHG-Treffen im Rheintal.

Es war der 22. August 2013 und ein Gespräch mit einem Lipödem-Spezialisten in der Region Bodensee war geplant. Er nahm sich viel Zeit,
um mir sein Abklärungsvorgehen und seine Behandlungsmethoden
zu erklären. Er begrüsste es sehr, dass wir ein Lipödem-Selbsthilfeg-
ruppen-Netz in der Schweiz aufbauten. Nebenbei erzählte ich ihm,
dass ich konsequent täglich flachgestrickte Kompressionsstrumpfhosen trug. Ich schilderte ihm kurz, dass ich trotz Liposuktion der
Beine das Gefühl nicht loswurde, dass sich bei mir jederzeit das Lipödem wieder vergrössern könnte. Eine leichte Schwellneigung war
immer noch vorhanden. Dies vor allem bei sommerlichen Temperaturen, langem Stehen, Sitzen oder Gehen. Ich erwähnte auch, dass
ich einen Unterschied der Wirkung meiner beiden Kompressionsstrumpfhosen deutlich spürte. Denn eine davon war weniger eng
und deshalb komprimiert sie weniger stark. Daraufhin schaute er
sich spontan meine Beine mit dem Ultraschallgerät an. Ich konnte
selbst sehen, ob bei der Liposuktion genügend krankhaftes Fett entfernt worden war. Einen kurzen Moment erlaubte ich mir zu hoffen,

dass ich nie wieder eine Kompressionsversorgung tragen müsste. Mein Glücksmoment war von kurzer Dauer. Es kam dennoch nicht überraschend für mich, denn ich spürte, dass meine Beine nicht gesund waren. Ich war wie gelähmt. Ich sah mit eigenen Augen die krankhafte Fettschicht, die sich mit dem Ultraschallkopf nicht zusammendrücken liess. Die dichte Struktur des Fettgewebes liess sich deutlich vom gesunden Fett am Bauch unterscheiden. Exakt das, was der erfahrene Arzt mir zuvor anhand von Bildern erklärt hatte, war bei mir deutlich ersichtlich. Unter anderem zeigte sich an der Knieinnenseite und rund um das Knie eine dichte zwei bis drei Zentimeter dicke Fettschicht. Auch die Region des Knöchels war eindeutig verdickt. Vor meiner Liposuktion vor eineinhalb Jahren war die Fettschicht jedoch um einiges dicker gewesen. Das gleiche Bild zeigte sich an den Ober- und Unterschenkeln. Er erklärte mir, dass nochmals etwa vier bis sechs Liter krankhaftes Fett abgesaugt werden müsste, damit ich keine Kompressionsversorgung mehr tragen müsste. Wie in Trance zog ich meine Kleider an. Also lag ich nicht falsch damit, dafür zu kämpfen, dass die Krankenkasse die Kosten meiner Strümpfe auch in Zukunft übernimmt. Meine Gedanken überschlugen sich. Es bestätigte mir, ich war auf dem richtigen Weg und mein Kampfgeist kehrte wieder zurück.

Am anderen Morgen sah ich die Nachricht von meiner Anwältin. Sie hatte mir auf die E-Mail vom Vorabend geantwortet und fand die Idee gut, einen offiziellen Untersuchungstermin beim Spezialisten am Bodensee wahrzunehmen. Sie schrieb mir, dass eine gründliche Untersuchung beim besagten Arzt, inklusiv Bericht über Therapie- und Operationsempfehlung, bestimmt nicht verkehrt wären. Zehn Minuten später hatte ich bereits einen Untersuchungstermin für den 27. August. Die Einspruchsfrist bei der Krankenkasse endete am 4. September.

# FRAGEBOGEN DIPLOMARBEIT

Es fiel mir leicht, ein Thema für meine Diplomarbeit auszuwählen. Mein Titel »Ernährungsverhalten vor und nach einer Lipödem Erkrankung und deren Auswirkungen auf die Psyche.« Dazu erstellte ich einen Fragebogen. Ich war sehr gespannt, ob sich meine Vermutungen bewahrheiten würden. Von einigen vom Lipödem betroffenen Frauen wusste ich bereits, dass sie durch die Krankheit in eine Essstörung geraten waren. Häufig begleitet von grossen psychischen Belastungen bis hin zur Depression. Durch die Befragung von 51 Betroffenen erhoffte ich mir Antworten, die uns in Zukunft nützlich sein könnten. Den ersten Fragebogen verteilte ich am letzten Selbsthilfegruppentreffen.

# ERSTES SELBSTHILFEGRUPPENTREFFEN IN GRAUBÜNDEN

Am Abend des 26. August war ich bereits dreissig Minuten vor dem Start vor Ort und bereitete alles für das Treffen vor. Mein Bauchgefühl sagte mir, dass es gut möglich war, dass ich am ersten Treffen allein teilnehmen würde. Zehn Minuten vor Beginn klingelte mein Handy. Eine Absage. Die Anmeldungen wurden von der Selbsthilfe GR entgegengenommen. Ich hatte es am Morgen verpasst, während der Büro-Öffnungszeiten anzurufen, um zu fragen, wie viele Personen sich angemeldet hatten. Gemächlich richtete ich mich im Gruppenraum ein. Verstaute meine Prospekte, Visitenkarten von Fachspezialisten und vieles mehr in einem mir zugewiesenen Schrank. Dann hörte ich die Tür quietschen. Schritte kamen näher und da stand sie, meine erste Teilnehmerin aus Graubünden. Ich kannte sie bereits von einem Treffen in einem Einkaufscenter. Ich nenne sie Brigitte. So verbrachten wir das erste Treffen zu zweit. Ich war gespannt, wie Brigitte mit der konservativen Behandlung zurechtkam. Sie hatte die Diagnose erst vor ein paar Monaten erhalten. Ich gab ihr damals ein paar Tipps gegen die Schwellneigung. Ihr ging es so weit gut dank der flachgestrickten Kompressionstrumpfhose und den Endermologie-Anwendungen LPG (maschinelle Bindegewebemassage). Doc hatte ihr diese Therapie verschrieben. Zusammen mit einer ausgewogenen Ernährung hatte sie das Lipödem zurzeit im

Griff. Wir sprachen über das kommende Interview mit einer grösseren regionalen Zeitung. Brigitte hatte sich bereit erklärt, zusammen mit mir am Interview teilzunehmen. Die Interviews halfen uns, über die Ängste und gestauten Gefühle zu sprechen, beziehungsweise zu schreiben. Etwas später kam die Leiterin der Selbsthilfe Graubünden dazu. Sie wollte nachsehen, ob das erste SHG-Treffen stattfand. Wir erhielten von ihr eine Einladung für den 4. November dieses Jahres. Es fand ein grosses Treffen der Selbsthilfe Schweiz in Chur statt. Wir nahmen die Einladung dankend an. Auch wenn wir nur zu zweit waren, hatte sich dieser Abend dennoch gelohnt.

Am nächsten Morgen riss mich das schrille Geräusch meines Weckers unsanft aus dem Schlaf. Es war fünf Uhr morgens. Etwas später, im Zug nach Zürich, bereitete ich mich auf das Gespräch mit dem Geschäftsführer der grossen Krankenkasse vor. Ich war erstaunlich gelassen. Ich hatte nichts zu verlieren. Meine Studienkollegin, adrett gekleidet wie immer, holte mich pünktlich in der Eingangshalle des modernen Gebäudes ab. Sie war eine sehr zuvorkommende, professionelle Frau. In der Empfangshalle herrschte bereits ein reges Treiben. Gut gekleidete, geschäftige Menschen nickten sich freundlich zu und verschwanden sogleich in ihren Büros. Meine Kollegin und ich unterhielten uns einige Minuten bei einer Tasse wohlduftendem Kaffee. Dann kam er mit grossen Schritten auf uns zu und begrüsste uns freundlich. Mich überraschte seine unverkrampfte, lockere Art. Er zeigte Verständnis gegenüber meinen Anliegen, was die Anerkennung des Lipödems bei den Krankenkassen betraf. Dennoch schätzte er den Weg dahin als sehr steinig ein. Die Vorgaben für eine Aufnahme einer Krankheit in den Leistungskatalog waren sehr streng. Es benötigte Studien, die belegten, dass sich eine Behandlung positiv auf den weiteren Verlauf der Krankheit auswirkt. Die Wirtschaftlichkeit war ein wichtiges Thema. Dann stellten sich die Fragen. Wer bezahlt eine Studie, die mehrere Hunderttausend Franken kostet? Das könnten Firmen sein, die später einen Profit daraus schlagen. Zum Beispiel Kompressionsbekleidungs-Hersteller, eine Universitätsklinik, Pharmafirmen usw. Auch Lipödem-Spezialisten müssten daran interessiert sein. Die Suche nach Sponsoren erwies sich später leider als erfolglos. Zum Schluss des Gespräches gab er mir die Kontaktdaten seines Kollegen im Bundesamt für Gesundheit BAG. Bei ihm durfte ich mich melden. Bevor wir uns verabschiedeten, sagte er, sie werden ihr Ziel erreichen, aber wir werden uns so lange wie möglich dagegen wehren. Seine letzten Worte klangen noch lange in mir nach ...

Der Termin beim Lipödem-Spezialisten, den ich noch gleichentags am Bodensee hatte, war ernüchternd. Er machte wie vereinbart eine Ultraschalluntersuchung. Die Bilder von dem noch vorhandenen krankhaften Fett inklusiv eines Berichts dazu waren für meine Krankenkasse. Ich erzählte ihm von der Studie. Dazu äusserte er sich sehr ablehnend und erklärte, dass ihm die Zeit fehle und er Familie hätte usw. Ehrlich gesagt, war ich mittlerweile so müde, dass ich für diesen Tag meine Überzeugungskraft verloren hatte. Ich machte mich auf den Heimweg. Für heute war genug.

# ST. GALLEN, DIE VIERTE LIPÖDEM SHG IST IN SICHTWEITE

Die Zeit verging wie im Fluge. Es wechselten sich Schultage, Seminare, Arbeit für den Aufbau der Selbsthilfegruppen ab. Am 3. September fand das Treffen mit Lena, der Leiterin der neu geplanten SHG in St. Gallen, statt. Nach zweieinhalb Stunden intensiven Gespräches und einigen Tassen Kaffee waren wir uns einig, dass das erste Gruppentreffen in St. Gallen im November stattfinden würde. Ich drückte ihr noch einen dicken Stapel Flyer in die Hände. Ich freute mich auf eine gute Zusammenarbeit mit ihr.

# EINSPRUCH

Am 4. September war die letzte Eingabefrist für eine weitere Einsprache gegen den für mich unerfreulichen Entschluss meiner Krankenkasse. Meine Anwältin entdeckte einige Ungereimtheiten in meinem Fall. Sie wollte noch einmal alles aufrollen und die Krankenkasse darauf hinweisen. Auch der neue Bericht des Lipödem-Spezialisten aus der Bodensee Region reichte sie ein. In diesem Bericht stand unter anderem, dass ich mich nochmals mehreren Eingriffen unterziehen müsste, um beschwerdefrei und ohne Kompressionsstrumpfhosen leben zu können. Dank einer Ultraschalluntersuchung hatte ich mit eigenen Augen gesehen, wie viel krankhaftes Fett sich an meinen Beinen befand. Es wartete nur darauf, zu entarten. Zwischenzeitlich hatte ich mich über die bioidentischen Hormone schlau gemacht. Ein sehr interessantes Thema, auf das ich mich eingelassen hatte. Eine weitere Studienkollegin hatte mich darauf aufmerksam gemacht. Das Buch, das sie mir empfohlen hatte, hiess - *Die Hormon Revolution* – es handelte von spektakulären Behandlungserfolgen mit bioidentischen Hormonen. (Dr. med. Michael E. Platt.) Es gab in der Schweiz bis anhin nur wenige Personen, die mit diesen Behandlungs-Methoden arbeiteten. Selbst machte ich bis anhin schlechte Erfahrungen mit der Einnahme von Hormonen. Sei es die Pille oder andere Hormonbehandlungen z.B., um Zysten zu eliminieren. Ich fühlte mich jeweils wie ferngesteuert. Ich hatte sämtliche Nebenwirkungen von ständigen Kopfschmerzen, geschwollenen, schmerzenden Beinen, Gewichtszunahme durch schlecht kontrollierbare Hungergefühle. Das kannte ich sonst nicht. Meine Abneigung gegen Hormone blieb nach wie vor gross. Doch diese Theorie über die bioidentischen Hormone beeindruckte mich. Ob ich diese Methode selbst ausprobieren sollte? Eine Frau mit Lipödem erzählte mir, dass sie sich damit in Kombination mit Lymphdrainagen und Kompressionsbestrumpfung behandeln lässt. Sie hatte laut ihren Angaben gute Behandlungserfolge.

# EINE WOCHE OHNE KOMPRESSIONSVERSORGUNG

Für mich fast unvorstellbar, doch einen Versuch war es mir dennoch wert. Der Spezialist vom Bodensee empfahl mir, eine Woche keine Kompressionsstrumpfhosen zu tragen. Danach machte er eine zweite Ultraschalluntersuchung. Er wollte herausfinden, ob sich ohne Kompression noch Wasser einlagert. Wenn nicht, so meinte er, benötige ich keine Kompressionsstrümpfe mehr. Er versicherte mir, dass in einer Woche nichts Irreparables passieren könne. So stimmte ich zu. Eine leise Hoffnung machte sich in mir breit, keine Kompression mehr tragen zu müssen. Andererseits machte mir dieses Experiment eine nicht vorstellbare Angst. Ich hatte mich mittlerweile daran gewöhnt und schrieb der Kompression eine grosse Bedeutung zu. Ab dem darauffolgenden Tag musste ich auf diese Sicherheit verzichten. Das fiel mir enorm schwer. Mir war bewusst, ich musste diese Woche durchhalten, um zu sehen, was mit meinen Beinen passiert. Am 10. September 2013, dem ersten Tag ohne Kompression, ging ich wie üblich spazieren. Ich fühlte mich gut, aber auch etwas haltlos. Meine Gedanken waren häufig bei meinen Beinen. Am dritten Tag konnte man eine leichte Schwellung der beiden Unterschenkel, der Knieinnenseiten und oberhalb der Kniescheibe erkennen. Wenn es die Zeit erlaubte, legte ich meine Beine zwischendurch hoch. Ich hatte anfangs die leise Hoffnung, dass ich mich in der strumpffreien Woche frei fühlen würde. Doch davon war ich weit entfernt. Es fühlte sich an, als ob ein Monster darauf wartete, mich in einem Moment der Leichtigkeit einzuholen und mit düsterer Stimme angsteinflössend zu verkünden: »Ich habe dich wieder«. Mich schauderte bei diesen Gedanken und ich versuchte, das Gedankenkarussell zu stoppen. Ich sprach mir selbst gut zu, dass in einer Woche nichts Irreparables passieren könne – wie der Arzt gesagt hat. Glücklicherweise waren die Temperaturen seit Beginn des Experiments auf kühle fünfzehn bis achtzehn Grad gesunken. Das kam mir sehr entgegen. Eine Woche später stand der Kontrolltermin beim Spezialisten an. Die Woche ohne Kompression war überstanden. Die Schwellungen und auch die Schmerzen in der Nacht hatten von Tag zu Tag schleichend zugenommen. Nachts waren meine Waden unangenehm erhitzt, sodass ich sie aus der Decke hervorstreckte. Mit Kompression kannte ich diese Symptome nur, wenn es sehr heiss war. Ich holte mein altes Venenkissen aus dem Keller. Das tat einerseits gut, andererseits spürte ich am Morgen empfindlich meine Hüfte. Mittlerweile wartete ich bereits eine halbe Stunde im Wartezimmer des Lipödem-Spezialisten. Draussen schüttete es wie aus Kübeln. Eine weitere Patientin setzte sich im Wartezimmer neben mich. Ihre Beine waren dick einbandagiert und sie hatte merklich Mühe, ihren Körper zu bewegen. Sie meinte tapfer, dies sei kein Problem, das gehe wieder vorbei. Sie hatte am Vortag eine Venenoperation. Ich wünschte ihr gute Besserung, dann wurde ich zum Arzt gerufen. Der Spezialist schaute sich meine Beine sorgfältig an, drückte da und dort. Er mass die Beinumfänge akribisch an den gleichen Stellen wie vor einer Woche, als ich noch meine Kompressionsversorgung trug. Er sagte mit einem freundlichen Lächeln, dass er kaum eine Umfangszunahme feststelle. Ich war erfreut und zugleich etwas verunsichert. Was bedeutet das für mich? Anhand der Symptome der letzten Woche und der Beschaffenheit meiner Beine rate er mir zu einem rundgestrickten Schenkelstrumpf Kompressionsklasse zwei. Ich solle diesen an Tagen tragen, an denen ich länger stehen oder sitzen müsse. Ansonsten bräuchte ich keine Kompression zu tragen. Etwas verunsichert fragte ich ihn, ob das gut gehen würde. Der Spezialist machte mir nochmal klar, dass die Strümpfe nur gegen die Wassereinlagerungen etwas nützten. Mein schlummerndes Lipödem würde von der Kompression nicht profitieren. Ich vertraute ihm. Er drückte mir zum Abschied eine Schachtel mit einem schwarzen, semitransparenten, rundgestrickten Schenkelstrumpf CCL2 in die Hand. Auf dem Heimweg wusste ich nicht so recht, sollte ich mich freuen oder nicht. Solange sich meine Beine nicht verschlechtern, wollte ich keinesfalls eine weitere Liposuktion vornehmen. Ich wollte meinen gesunden, ausgewogenen Lebensstil weiter ausbauen. Gleich am nächsten Morgen streifte ich mir die neuen Schenkelstrümpfe über die Beine. Doch sie waren eindeutig zu gross. Sofort meldete ich mich telefonisch in der Praxis. Die nette Dame am Telefon versprach, mir sofort Kleinere zu schicken. Ich spürte eine leichte Enttäuschung, da ich am Abend einen Vortrag mit Sandra hatte. Ich hätte mich mit den Strümpfen sicherer gefühlt.

Wir stellten die Lipödem-Selbsthilfegruppe Rheintal, dem Physionetz Sarganserland und Werdenberg vor. Die Präsentation verlief sehr gut und die Teilnehmerinnen waren sehr am Thema interessiert.

# SAPS-TAGUNG IN ZÜRICH

Es war ein langer Tag im September. Auf der Zugfahrt von Zürich nach Hause war ich völlig erschöpft eingeschlafen. Einer Frau, die sich im gleichen Zugabteil befand, hatte ich es zu verdanken, dass ich noch rechtzeitig aus dem Zug steigen konnte. Sie erlitt einen starken Hustenanfall, der mich abrupt aus dem Schlaf riss. Etwas neben der Spur verliess ich ziellos den Zug. Es war bereits zweiundzwanzig Uhr. Der Anschlussbus nach Hause liess auf sich warten. Während ich auf einer kalten Bank sass, machte ich mir noch einige Gedanken zu den Geschehnissen des Tages. Die Stimmung an der Bushaltestelle war belebt. Ab und an stöckelten junge Frauen in knappen Shorts oder ultrakurzen Minikleidern etwas unbeholfen auf ihren gefährlich hohen Schuhen an mir vorbei. Ein paar angeheiterte Jugendliche schlenderten unauffällig umher. Heute war ein guter, aber auch anstrengender Tag gewesen. Ich hatte die Gelegenheit an der Tagung der schweizerischen Adipositas Stiftung (SAPS) in Zürich genutzt, um einige wertvolle Kontakte für unsere Lipödem SHG zu knüpfen. Der Präsident der SAPS ermöglichte es mir, an einem Infostand unsere SHG vorzustellen. Es kamen viele interessierte Personen auf mich zu. Drei Personen waren selbst betroffen und wie könnte es anders sein, bis anhin hatte ihnen niemand weitergeholfen. Menschen mit Adipositas wurden in erster Linie auf ihr Übergewicht reduziert. Dass sich dahinter zusätzlich ein Lipödem verstecken könnte, wollte niemand erkennen. Manche waren überrascht, dass auch schlanke Personen von einem Lipödem betroffen sein konnten. Demzufolge waren nicht allein ihre zu vielen Pfunde das Problem. Durch ein Lipödem kann ein gestörtes Essverhalten zu zusätzlichem Übergewicht führen. Eine Gewichtszunahme oder Gewichtsschwankungen wirken sich negativ auf ein bestehendes Lipödem aus. Das krankhafte Fett beim Lipödem kann unabhängig des Stadiums starke Schmerzen verursachen. Das Fett bei einem adipösen Menschen bereitet normalerweise keine Schmerzen. Endlich zu Hause angekommen, gab es für mich nur noch eines, ab ins Bett.

# ÄRZTLICH VERORDNETE STRAPSE

Ich war gespannt wie ein Regenschirm. Die Schenkelstrümpfe lagen als kleines Paket im Briefkasten. Ob sie diesmal passen werden? Ich war skeptisch. Schenkelstrümpfe, nachdem ich mich zwei Jahre lang in eine persönlich angepasste, flachgestrickte Kompressionsstrumpfhose hineingequetscht hatte. Wird der rundgestrickte Strumpf genügend Druck abgeben? Konnten sie ein Anschwellen der Beine wirksam verhindern? Diese Ungewissheit machte mir zu schaffen. Ich hatte in meine flachgestrickten Kompressionsstrumpfhosen so einiges hineininterpretiert und nun sollte deren einzige Wirkung sein, dass sich kein Wasser mehr in den Beinen ansammelte. Ich war davon ausgegangen, dass sich das Lipödem aufhalten liesse, solange man die Kompression diszipliniert, morgens bis abends trug. Ein Teil meiner aufgebauten Sicherheit drohte in sich zusammenzustürzen. Vor ein paar Monaten hatte ich mit einer Gesprächstherapie begonnen. Mein Urvertrauen in meinen eigenen Körper war in den letzten Jahren empfindlich gestört worden. Das konnte und wollte ich nicht allein bewältigen. Die neue Situation machte mir Angst. Das gefiel mir ganz und gar nicht. Die neuen Schenkelstrümpfe fühlten sich so ungewohnt an. Einerseits waren sie bedeutend schöner anzusehen, aber mir fehlte die Sicherheit. Im Vergleich zu den Flachgestrickten fühlten sich die rundgestrickten Strümpfe lose an. An besonders weichen Stellen meiner Beine gruben sie sich ins Fleisch. Das schmerzte unangenehm.

# INTERVIEW MIT DER SÜDOSTSCHWEIZER ZEITUNG

Diesen Termin musste ich mir hart erkämpfen. Erst als ich vorweisen konnte, dass wir dabei waren, eine Lipödem SHG in Chur aufzubauen, konnte ich mir ein Interview ergattern. Heute war es so weit. Auf der Hinfahrt besuchte ich spontan ein Orthopädie-Geschäft. Sie hatten Kompressionsversorgungen im Angebot. Ob ihnen das Lipödem ein Begriff war? Leider war die zuständige Person in den Ferien und ich wurde auf Mitte Oktober vertröstet. Das anschliessende Interview bei der Zeitung verlief zufriedenstellend, wenn auch etwas improvisiert. Die Journalistin war kurzfristig für ihre Chefin eingesprungen, dementsprechend war sie nicht gut vorbereitet. Brigitte war mit dabei. Sie erzählte ihre eigene Leidensgeschichte. Ich präsentierte die Lipödem SHG und erklärte unsere Ziele. Das Gespräch wurde auf ein Handy aufgenommen. Zum Schluss erfuhren wir, dass wir den Bericht nicht gegenlesen durften, weil das bei dieser Zeitung so Vorschrift war. Für uns unverständlich, dennoch waren wir froh, einen weiteren kostenlosen Bericht über die Erkrankung veröffentlichen zu dürfen. Die Reportage würde erst im Januar 2014 erscheinen. Wir mussten der Redaktion blind vertrauen, was uns beiden nicht einfach fiel.

Seit fünf Tagen trug ich nun die neuen Schenkelstrümpfe. Gegen Abend und in der Nacht schmerzten meine Beine zunehmend, ebenfalls der Hitzestau im Unterschenkel und Fussbereich wurde immer unangenehmer. Insgesamt waren die Schmerzen weniger stark als vor der Liposuktion, dennoch waren sie präsent. Mit der flachgestrickten Kompressionstrumpfhose hatte ich diese Symptome nicht. Das bewegte mich dazu, den Arzt anzurufen und ihn darum zu bitten, mir ein neues Rezept für die flachgestrickte Kompression auszustellen. Seine Begeisterung war begrenzt. Meine deutliche Forderung umso stärker. Schliesslich stellte er mir die Verordnung via Postweg zu. Das ewige Kämpfen um Verordnungen und Bezahlung der Kompressionsversorgungen war mir allmählich zuwider. Schliesslich trug ich sie nicht aus Freude, mich zu quälen.

Zurzeit standen keine Termine ins Haus. Antworten, auf die ich sehnlichst wartete, blieben aus. Täglich sprach ich mit Lipödembetroffenen über kürzlich durchgeführte oder eine bevorstehende Liposuktion, neu erhaltene Diagnose und vieles mehr.

Mir war es wichtig, dass die Patientinnen nicht überstürzt einer Liposuktion zustimmten. Zuerst sollte eine konservative Therapie durchgeführt werden und gleichzeitiges Lernen, die Krankheit zu verstehen. Nach Erhalt einer so schwierigen Diagnose benötigt man eine gewisse Zeit, um den Schmerz zuzulassen und später verarbeitet wieder abzulegen. Das ist ein wichtiger und zeitintensiver Verarbeitungsprozess. Professionelle Hilfe kann diesen Prozess fördern und verkürzen.

Was beinhaltet eine konservative Behandlung? Der medizinische Fachausdruck lautet: Komplexe physikalische Entstauungstherapie (KPE). Man spricht von den fünf Säulen. Dazu gehören die manuelle Lymphdrainage, Kompressionstherapie, Bewegungstherapie, Hautpflege und genauso wichtig das Selbstmanagement.

# ANTWORT VOM BAG

Die Antwort auf meine E-Mail vom 9. September ans BAG blieb lange aus. Einen Monat später fragte ich freundlich, aber hartnäckig nach. Noch am selben Tag traf die ersehnte Antwort des BAG endlich ein. Der freundliche Herr entschuldigte sich für seine verspätete Stellungnahme und bot mir an, am folgenden Freitag, also in zwei Tagen, telefonisch mit mir in Kontakt zu treten. Das Angebot nahm ich dankend an. Am besagten Freitag war es dann so weit. Der nette Herr teilte mir wichtige Hinweise und Kontakte mit. Z.B. empfahl er mir, mich bei der Schweizerischen Gesellschaft für Vertrauensärzte zu melden, um unsere Lipödem SHG vorzustellen. So wie wir dies bereits bei den Hausärzten getan hatten. Diese Idee hatte ich bereits vor einigen Wochen. Meine Anwältin hatte mich jedoch darauf hingewiesen, dass dies den Eindruck erwecken könnte, ich wolle mir einen Vorteil für meinen eigenen Prozess verschaffen. Nach mehr als einer halben Stunde intensiven Gesprächs mit dem netten Herrn vom Bundesamt für Gesundheit (BAG), verabschiedete ich mich dankend von ihm.

# NEUE VERORDNUNG

Die Verordnung für eine weitere flachgestrickte Kompressionsversorgung traf ein. Noch am selben Tag vereinbarte ich im Orthopädie-
Geschäft in der Nachbarstadt einen Termin. Die Fachspezialistin
gab einmal mehr ihr Bestes und mass akribisch meine Beine aus.
Ich fühlte mich deutlich lockerer als beim ersten Besuch. Fast, als ob
ich mir ein paar neue Schuhe kaufen würde. Doch ich war schneller wieder auf dem Boden der harten Tatsachen, als mir lieb war.
Der Umfang meiner Fesseln und der Kniepartie hatte sich deutlich
verschlechtert. Sie fragte mich misstrauisch, ob ich meine Kompression täglich tragen würde. Ich erzählte ihr vom Experiment
mit der Strumpflosen Woche und anschliessender Woche mit der
rundgestrickten Schenkelbestrumpfung. »Alles klar«, entgegnete
sie knapp. War meine Angst doch nicht unbegründet? In Zukunft
wollte ich mich nur noch auf mein eigenes Gefühl verlassen. Ich
hatte genug von Experimenten. Die unterschiedlichen Theorien der
Lipödem-Spezialisten über die ideale Behandlung gingen schliesslich
auf meine eigenen Kosten. Ich bin doch kein Versuchskaninchen!

Zu dieser Zeit bereitete ich mich auf die drei anstehenden Gruppentreffen im Rheintal, Chur und St. Gallen vor. Lena, die Gruppen
zuständige von St. Gallen, weilte gerade in den Ferien, deshalb über-
nahm ich die Einladungen und alles, was dazugehörte. Gleichzeitig
konnte ich ein Treffen mit dem leitenden Arzt der Angiologie in der
Zurzach Care Rehaklinik ergattern. Das Treffen fand am 23. Dezember dieses Jahres statt. Weiter schrieb ich die zwei Präsidentinnen

der Schweizerischen Gesellschaft für Phlebologie und Angiologie an und schilderte die Problematik. Ein weiterer Vorschlag des BAG erwähnte ich ebenfalls. Die Erstellung eines Behandlungskonzeptes für Lipödem Erkrankte, die eine schweizweite, einheitliche Behandlung garantieren würde. An diese hätten sich alle Ärzte zu halten. Nun wartete ich auf die Antworten. Ich erhoffte mir einen Vorteil, da beide Präsidenten weiblich waren. Dadurch erwartete ich ein gewisses Grundverständnis für die Thematik. Wenige Tage später erhielt ich eine Antwort und zugleich eine Einladung zum persönlichen Gespräch. Ich freute mich so sehr darüber, dass ich dem ersten vorgeschlagenen Termin ohne zu zögern zusagte.

# TREFFEN IN ST. GALLEN MIT MELINA

Alle paar Monate trafen Melina aus Zürich und ich uns in St. Gallen für einen persönlichen Austausch. Wir liessen uns in einem gemütlichen Kaffeehaus nieder und hatten uns jedes Mal viel zu erzählen. Der Termin für das erste Treffen der Lipödem SHG in Zürich wurde um zwei Monate, auf Januar 2014, verschoben. Melina hatte es mir im September mitgeteilt. Sie hatte eine grössere Reise vor sich und wollte danach mit der Gruppe starten. Beim Gespräch sprudelten die Ideen zu verschiedenen Behandlungsmethoden, neuen Ärzten und vieles mehr. Melina erzählte mir von ihrer grossartigen Idee. Es ging um einen Ausdruckstanz mit Lipödem Betroffenen. Den Film wollten wir anschliessend via YouTube ins Internet stellen, um so auf unsere Krankheit aufmerksam zu machen. Melina ist Tanztherapeutin und somit war ihre Idee realistisch und umsetzbar. Eine andere Idee, die bereits seit einiger Zeit in unseren beiden Köpfen herumspuckte, wurde ebenfalls angesprochen. Wir wollten einen Verein gründen. Dann planten wir, drei bekannte Lipödem-Spezialisten aus der Schweiz für ein gemeinsames Meeting mit uns einzuladen. Melina erklärte sich bereit, die Einladungen an die drei Herren zu schreiben. Ich bereitete mich aktuell neben meinem Studium am IKP auf die Abschlussprüfung für das SVEB-Zertifikat Erwachsenenbildnerin vor. Melina berichtete schon bald, dass einer der Herren spontan bereit wäre, am Meeting mit den anderen Spezialisten und uns teilzunehmen. Der Zweite wusste noch nicht so recht und der dritte Lipödem-Spezialist wollte nicht dabei sein. Ob dabei Futterneid im Spiel war ... Das hörte sich nicht gut an.

# OKTOBER, FÜNFTES SHG-
# TREFFEN IM RHEINTAL

Es war ein gemütliches und informatives Treffen. Ich hatte meine persönliche Fachspezialistin für Kompressionsbekleidungen als Referentin eingeladen. Die Anwesenden waren sehr interessiert. Beim Vortrag wurde deutlich, wie wichtig eine flachgestrickte Kompression bei der Therapie des Lipödems war. Da konnte ich nur zustimmen. Der anschliessende Austausch zwischen den Frauen war sehr angeregt. Die Runde war an diesem Abend kleiner, im Gegensatz zum letzten Treffen, dafür umso intensiver. Zum Schluss wurde beschlossen, dass wir beim nächsten Treffen aufgrund der bevorstehenden Weihnachten ein gemütliches, gemeinsames Nachtessen planen. So hatten wir die Möglichkeit, uns von einer anderen Seite kennenzulernen.

# ENDE OKTOBER, ZWEITES SHG-TREFFEN IN CHUR

Beim zweiten SHG-Treffen in Graubünden waren wir wieder nur zu zweit. Am nächsten Tag entschuldigten sich einige, die es verpasst hatten, sich ab- oder anzumelden. Die Gespräche verliefen um so fruchtbarer. Meine einzige Teilnehmerin Brigitte erzählte mir von ihrer Idee, einen Lipödem-Chat ins Netz zu stellen. Ich war begeistert! Brigitte nahm sich diesem Projekt an. Zwei Tage später waren wir im Netz, grossartig! Nun konnten wir via Facebook über unsere Krankheit kommunizieren und erreichten so auch die jungen Frauen, die vom Lipödem betroffen sind. Gleichentags informierte ich alle in einem Rundschreiben über die Neuigkeiten.

In der Zwischenzeit fand ein sehr aufschlussreiches Gespräch mit einer kompetenten Oberärztin der Angiologie im Universitätsspital Zürich statt. Die Präsidentin der Schweizerischen Gesellschaft für Angiologie hatte mein Schreiben damals an sie weitergeleitet. Wir sprachen über ein Behandlungskonzept für das Lipödem, das schweizweit seine Gültigkeit haben müsste. Darin sollte klar deklariert sein, dass ein Lipödem bereits im Stadium 1 als medizinisch relevant eingestuft wird. Ebenfalls, dass bei der konservativen Behandlung eine regelmässige Lymphdrainage kombiniert mit Kompressionsverbänden und anschliessend das Tragen einer persönlich angepassten Kompressionsstrumpfhose, flachgestrickt, die erste Wahl einer adäquaten Therapie war. Diese Meinung vertrat die Ärztin konsequent. Sollte die anfängliche, konservative

Behandlung nicht zur deutlichen Verbesserung der Beschwerden führen, sollte auch ein operativer Eingriff (Liposuktion) ins Auge gefasst werden. Sie war bereit, sich mit meinen Forderungen auseinanderzusetzen. Sie betonte, dass sie für diese Abklärungen viel Zeit benötige.

# LIPÖDEM-SELBSTHILFEGRUPPE IM FACEBOOK

Fantastisch! Seit dem dreissigsten Oktober 2013 gab es im Facebook einen Chat für Lipödembetroffene. Es kamen mehr und mehr Nutzerinnen dazu.

Die Zeit verging einmal mehr wie im Fluge. Ich hatte viel zu tun für das Studium und Anfang November absolvierte ich erfolgreich die Prüfung zur Erwachsenenbildnerin.

An einem Abend war ich in Chur zu einem Podium der Selbsthilfe Graubünden und Selbsthilfe Schweiz geladen. Es wurde ein kurzweiliges, sehr interessantes Treffen. Es waren um die zwanzig Zuhörende anwesend. Am Podiumsgespräch nahmen je eine Vertretung der Selbsthilfe Schweiz und Graubünden und je eine Initiantin verschiedener Selbsthilfegruppen teil. Alle konnten wir uns mitteilen, wie die Gruppe zustande kam, wie die Treffen ablaufen, deren Ziele. Es wurde besprochen, was Selbsthilfe im eigentlichen Sinne bedeutet und wie das Angebot genutzt wurde.

In der folgenden Woche brauchte ich etwas Zeit für mich. Mein Körper reagierte auf mein achtloses Verhalten mit Entzündungen an verschiedenen Körperteilen. Ich war müde und brauchte Erholung.

Am 10. November meldete sich ein bekannter, ehemaliger TV-Arzt via E-Mail bei mir. Er schrieb einen Bericht für die Schweizer Illustrierte über eine Frau mit Lipödem. In ihrer Verzweiflung hatte sie sich bei ihm gemeldet. Dafür wollte er eine Erklärung von unserer Selbsthilfegruppe, die in die Reportage eingebaut werden sollte. Er versprach mir, den fertigen Text vorzulegen, bevor er veröffentlicht wurde. Ich nahm mir viel Zeit, um seine Fragen professionell zu beantworten und sendete ihm die Antworten am nächsten Tag zu. Einen weiteren Tag später bekam ich den Bericht zu lesen. Nun fehlte noch eine Stellungnahme von der Krankenkasse der Betroffenen. Der Arzt hielt mich auf dem Laufenden. Kurze Zeit später war ich mitten im E-Mail-Austausch zwischen dem ehemaligen TV-Arzt, der betroffenen Frau, über die er schrieb, und deren Krankenkasse eingebunden. Eine Weile verfolgte ich den Wortkampf tatenlos. Die zwei Parteien spielten sich gegenseitig die Schuld zu. Doch dann kam der Zeitpunkt, wo ich nicht mehr nur mitlesen wollte oder konnte. Es ging darum, dass die vom Lipödem betroffene Frau eine Aufforderung bekam, sich mit dem Vertrauensarzt zu einem Gespräch zu treffen. Dieses Angebot musste sie unbedingt annehmen, deshalb teilte ich dem Arzt mit, dass ich - falls gewünscht - die Frau gerne an dieses Gespräch begleiten würde. Dieses Angebot nahm die Frau gerne an.

# LIPÖDEM VORTRAG VON DOC

Es war ein nebelverhangener, nieselnder Novembertag wie aus dem Bilderbuch. Die Stimmung war jedoch das pure Gegenteil, als wir uns zu viert beim Bahnhof Sargans trafen. Die Begrüssung war sehr herzlich und ging sogleich in ein heiteres, interessantes Gespräch unter Frauen über. Wir lachten viel und die Zeit im Zug nach Zürich verging wie im Fluge. Wir waren alle froh, uns kurzfristig für die Zugfahrt und gegen das Fahren mit dem Auto entschieden zu haben. Bei dieser schlechten Sicht waren wir mit dem öffentlichen Verkehr deutlich entspannter unterwegs. In Zürich angekommen, staunten wir nicht schlecht, wie viele Frauen sich für den Vortrag angemeldet hatten. Auch Doc freute sich über das grosse Interesse. Im Büro nebenan klärten wir noch kurz den Verlauf des Abends. Doc war der erste Arzt, der sich aktiv für uns eingesetzt hatte. Das wusste ich zu schätzen. Pünktlich um 20 Uhr ging es los. Sichtlich entspannt und top vorbereitet, fesselte Doc sein Publikum mit seinen Erklärungen zu den Ursachen und Behandlungsmethoden des Lipödems. Anschliessend erhielt ich die Möglichkeit, die Lipödem-Selbsthilfegruppen vorzustellen. Zum Schluss war genügend Zeit für Fragen aus dem Publikum. Für einige Zuhörende waren diese Informationen neu, für andere eine Auffrischung oder eine Bestätigung für das, was sie im Internet schon gelesen hatten. Bevor die vielen Frauen wieder aufbrachen, konnte ich einige Personen, die ich bereits via Telefongespräch oder via E-Mails kannte, persönlich kennenlernen. Ich verteilte den Fragebogen für meine Diplomarbeit, unterhielt mich und beantwortete einige Fragen, die an mich gestellt wurden. Insgesamt ein erfolgreicher, sehr interessanter Abend.

Die Heimfahrt mit dem Zug gestaltete sich sehr locker und unterhaltsam. Einfach herrlich, so eine Frauenzugfahrt!

# ZWEITER LIPÖDEM-VORTRAG VON DOC

Am 10. Dezember verabredeten sich Doc, Melina, die zukünftige Ansprechperson für die Gruppe in Zürich und ich, bereits eine Stunde vor Beginn des Vortrages. Wir hatten einige Fragen, die auf Antworten warteten. Da das Dreier-Treffen der Lipödem-Spezialisten nicht zustande gekommen war, benötigten wir Docs Hilfe. Der Bericht vom Beobachter stand kurz vor der Veröffentlichung und für eine Veranstaltung im Januar suchten wir noch einen geeigneten Raum. Die Kontaktstelle für Selbsthilfe in Zürich wollte uns dabei behilflich sein. Leider war am geplanten 14. Januar 2014 der grösste Raum, den sie zur Verfügung hatten, schon besetzt. Zwei weitere Lokalitäten wollte Melina prüfen. So machte ich mich an diesem Dienstag vollgepackt mit Flyern und Fragebögen auf den Weg zum Bahnhof. Um fünf Uhr nachmittags sollte der Zug Richtung Zürich fahren. Ich stand in der Warteschleife am Bahnschalter und wollte ein Ticket lösen. Ein junger adretter Mann stellte sich neben mich und fragte mit freundlicher Stimme, wohin ich denn fahren würde? Bevor ich eine Antwort geben konnte, sagte er weiter, er wisse, dass dies eine komische Frage sei. Ich musste schmunzeln. Er streckte mir ein Billett entgegen. Er sagte, sein SBB Multi-Tageskarten-Abonnement ist nur noch heute gültig und er müsse nirgends mehr hinfahren. »Nehmen sie es einfach, ich schenke es ihnen«, sagte er. Nebenbei erwähnte er, dass es ein 1. Klasse-Ticket war. Ich war erstaunt über so viel Wohlwollen. Leicht skeptisch schaute ich zu ihm hoch.

»Nehmen sie es einfach, ich schenke es ihnen«, wiederholte der junge Mann. Bevor ich ihm etwas entgegensetzen konnte, war er weg. Nachdem ich die Gültigkeit der Karte geprüft hatte, stand ich da, als hätte mich das Christkind geküsst. Mit schnellen Schritten lief ich in Richtung der Parkplätze. Wo war er, der freundliche junge Mann? Da hörte ich eine Stimme rufen: »Ich wünsche ihnen eine gute Fahrt!« Der Ruf kam aus einem schwarzen VW-Golf mit offenem Fenster. Es war der junge Fremde. Ich rief ihm zu, dass ich ihm gerne etwas für das Ticket bezahle. Doch er verneinte. Ich bedankte mich ungläubig und freudig beim edlen Spender und erwähnte kurz, dass ich noch am selben Abend an einem gemeinnützigen Anlass mitwirkte. Darauf antwortete er ebenfalls erfreut: Dann habe ich es der richtigen Person geschenkt. Daraufhin brauste er mit seinem schwarzen Auto davon in die Dunkelheit. Ich freute mich riesig über das spontane Geschenk und stieg beschwingt in den Zug nach Zürich, in die erste Klasse! Es war herrlich ruhig im Abteil und ich genoss die Fahrt mit einem guten Buch.

Der Vortragsabend von Doc verlief ebenfalls sehr gut und war wie das letzte Mal ausgebucht. Auch das vorgängige Gespräch mit Doc und Melina war aufschlussreich und stärkte das gegenseitige Vertrauen für eine weitere Zusammenarbeit.

# SECHSTES LIPÖDEM SHG-
# TREFFEN IM RHEINTAL

Das sechste Treffen der Rheintaler Gruppe fand am 11. Dezember im selben Restaurant meines Wohnortes statt. Laut Anmeldungen sollten sieben bis acht Personen anwesend sein. Anlässlich der bevorstehenden Feiertage hatten wir uns entschieden, das Treffen mit einem gemütlichen Essen abzurunden. So hatten wir die Gelegenheit, uns von einer anderen Seite kennenzulernen. Die Gruppenleiterin Lena aus St. Gallen und ich trafen uns eine Stunde früher. Wir hatten noch einiges zu besprechen. Ich freute mich über Lenas Einsatz und wie ihr der Start mit der St. Galler Gruppe gelungen war. Einfach grossartig! Wir schauten uns Mustervorlagen an, die bei der Gründung eines Vereins die Grundlage bilden. Das Projekt war für den Mai 2014 geplant. Als Verein hätten wir mehr Gewicht, um unsere Ziele zu erreichen. Die Statuten mussten noch zusammengestellt werden, bevor ich sie unseren Selbsthilfegruppen Leiterinnen vorlegen konnte. Ich freute mich sehr auf diese Herausforderung. Ausser Sandra, die sich kurzfristig abgemeldet hatte, kamen alle wie vereinbart ans Treffen. Es wurde ein gemütlicher und interessanter Abend. Wir assen und redeten über dies und jenes. Einige der Frauen hatten nach diesem Abend eine etwas unruhige Nacht. Das wurde mir am nächsten Tage berichtet. Es gab langjährige Lipödembetroffene denen plötzlich bewusst wurde, dass sie so nicht weitermachen wollten. Sie nahmen allen Mut zusammen, um endlich eine Behandlung in Angriff zu nehmen. Egal, ob konservativ oder invasiv.

Es musste etwas passieren. Mich berührte das sehr, wenn ich sah, wie die Frauen plötzlich aktiv wurden. Sie alle hatten ein Recht auf Gesundheit. Sie begannen, mit Ärzten und Krankenkassen für ihr Wohlbefinden zu kämpfen. Ich durfte miterleben, wie sich das Leben von vielen Frauen zu ändern begann. Der Zeitpunkt war gekommen oder der Leidensdruck wurde zu gross. Sie wollten nicht wie bis anhin weiterleben und leiden. Kämpft, Mädels, kämpft, für euch, aber auch für unsere Töchter und Enkel ... denn leider ist diese fiese Krankheit vererbbar!

# VEREINSSTATUTEN

Mein Sohn half mir beim Zusammenstellen der wichtigsten Punkte für die Statuten unseres geplanten Vereines. Seine Erfahrung darin und seine kritische Sichtweise waren mir wichtig, bevor ich Lena, Melina und Sandra das Schreiben vorlegen wollte. Lena und ich fuhren einen Tag vor Weihnachten nach Zurzach zu einem Lipödem Spezialisten. Als erste liess ich sie einen Blick in die Statuten werfen.

# WEIHNACHTSSTIMMUNG 2013

Es war kurz vor Weihnachten und ich suchte nach einem passenden Gedicht. Ich hatte vor einigen Tagen ein Passendes gelesen. Die Worte trafen mich tief ins Herz. Auf der Titelseite der Oberland-Nachrichten, St. Gallen und Lichtenstein, vom 19. Dezember 2013 fand ich das Gedicht wieder.

### Dann fängt Weihnachten an

*Wenn der Schwache dem Starken*
*die Schwäche vergibt,*
*wenn der Starke die Kräfte des*
*Schwachen liebt,*
*wenn der Habewas mit dem*
*Habenichts teilt,*
*wenn der Laute bei dem*
*Stummen verweilt,*
*und begreift, was der Stumme*
*ihm sagen will,*
*wenn das Leise laut wird und*
*das Laute still,*
*wenn das Bedeutungsvolle*
*bedeutungslos,*
*das scheinbar Unwichtige*
*wichtig und gross,*
*wenn mitten im Dunkeln ein*

*winziges Licht*
*Geborgenheit und helles Licht*
*verspricht,*
*dann, ja dann,*
*fängt Weihnachten an.*

*Von (Rolf Krenzer)*

Genau dieses musste es sein! Versehen mit einem passenden Bild, sendete ich es via E-Mail mit herzlichen Grüssen an alle vom Lipödem betroffenen Frauen, die ich kannte.

# GESPRÄCH MIT LIPÖDEM SPEZIALIST DER ZURZACH CARE-REHAKLINIK

Unsanft wurde ich von meinem Wecker um fünf Uhr dreissig aus dem Schlaf geholt. Noch zwei bis drei Umdrehungen, dann eine Runde Luftradeln. Auf der Bettkante sitzend, dehnen und raus aus den Federn. Ein spannender Tag lag vor mir. Eine lauwarme Dusche mit anschliessendem, eiskaltem Beinguss. Danach meinen Borretsch geniessen. Nun konnte es losgehen.

Die Fahrt nach Bad Zurzach dauerte mit dem öffentlichen Verkehr fast drei Stunden. In St. Gallen stieg Lena dazu. Sie begleitete mich zum Termin. In Bad Zurzach angekommen, marschierten wir direkt zur Klinik. Wir waren dreissig Minuten zu früh und hatten Zeit für eine kleine Stärkung im internen Café. Der leitende Arzt der Angiologie Abteilung nahm sich eine ganze Stunde Zeit für uns und erklärte seine Behandlungsweise beim Lipödem. Er erzählte von seiner eher skeptischen Einstellung zur Liposuktion und vieles mehr. Das Gespräch war sehr aufschlussreich und informativ. Zum Schluss sprachen wir den kompetenten Arzt auf die Lipödem-Fachtagung in der Rehaklinik vom 29. März 2014 an. Gab es eine Möglichkeit für uns, mit dabei zu sein, auch wenn wir keine Physiotherapeuten oder Ärzte waren? Er offerierte uns einen Spezialpreis für zwei Personen. Super, wir waren mit dabei! Freudestrahlend und dankend verabschiedeten wir uns.

Um den Tag noch besser zu nutzen, besuchten wir den Onkel von Lena, der mit seiner Frau ein paar Häuser weiter wohnte. Wir wurden mit einem feinen Raclette und selbstgebackenen Weihnachtskeksen verwöhnt. Auf dem Heimweg besprachen wir die Statuten und die bevorstehende Gründung des Vereins. Nach diesem Tag mit Lena erschien sie mir als die ideale Person für das Vizepräsidium an meiner Seite.

# EIN STÜCK ZUCKER, UM MEIN MAUL ZU STOPFEN

Es war ein Tag vor Heiligabend, als ein Schreiben von meiner Krankenkasse ins Haus flatterte. Darin stand, dass mir ein Betrag von Fr. 406.80 auf mein Konto gutgeschrieben wurde. Exakt vor einem Jahr hatte ich die zweite negative Antwort auf meine Einsprache erhalten. Mittlerweile wartete ich auf die Antwort der fünften Einsprache. Die Rede ist von der ausstehenden Kostenübernahme meiner Krankenkasse für die Liposuktion und der mittlerweile drei flachgestrickten Kompressionsstrumpfhosen. Der gutgeschriebene Geldbetrag irritierte mich. Es handelte sich um einen Teil der Kosten für die am 28. November 2013 gekaufte flachgestrickte Kompressionsversorgung. Es waren knapp fünfzig Prozent der Kosten, die übernommen wurden. Wie kamen sie auf diesen Betrag? Ich leitete die Unterlagen an meine Anwältin vom Rechtsschutz weiter. War das Geld vielleicht ein Stück Zucker, um meinen Mund zu stopfen? Bis ich eine Antwort von meiner Anwältin bekam, konnte es dauern. Ab Morgen starten die Festtage. An solchen Tagen blieb alles stehen und liegen. Nur meine Gedanken wirbelten weiter in meinem Kopf.

Von Lena bekam ich ein wunderschönes Buch geschenkt. Darin fand ich mehrere schöne Gedanken, die zu mir passten. Nachfolgend ein Beispiel:

*»Wer die Kunst zu leben beherrscht, macht kaum einen Unterschied zwischen seiner Arbeit und seiner Freizeit, zwischen seinem Geist und*

*seinem Körper, zwischen seiner Erziehung und seiner Religion. Schwer kann er nur unterscheiden, welches welches ist. Er folgt nur der Suche nach Erfüllung und Glück in allem, was er tut, und er überlässt es den anderen zu entscheiden, ob er arbeite oder spiele. Er versucht immer beides zugleich zu tun. (Zen-Weisheit, Korsch Verlag, Zen-Gedanken für dich!)«*

# BERICHT IN DER SCHWEIZER ILLUSTRIERTEN VOM 30. DEZEMBER 2013

Schon vor ein paar Tagen meldete sich eine Journalistin der Schweizer Illustrierten bei mir. Sie teilte mir mit, dass sie sich entschieden hätten, meine Ernährungsempfehlungen für Lipödem Patienten von der Homepage in den Bericht einzufügen. Sie fragte mich, ob das in Ordnung war. Ich nahm die Anfrage dankend an. Sie teilte ebenfalls mit, dass der Bericht am Montag, 30. Dezember 2013, veröffentlicht wurde. Grossartig, das ging schnell. Noch am selben Abend versendete ich massenweise E-Mails an Betroffene, Bekannte und Verwandte. Kauft die Schweizer Illustrierte! Ist das nicht ein wunderbares Geschenk für den Abschluss dieses intensiven Jahres 2013?

# BESPRECHUNGSTERMIN FÜR DIE VEREINSSTATUTEN

Das neue Jahr hatte bereits begonnen. Noch im Alten versuchte ich, einen Termin für die Besprechung der Vereinsstatuten zu finden. Lena und ich hatten mehrere Termine für den Januar herausgesucht. Doch es sollte nicht der Januar und auch nicht der Februar sein. Nach langem hin und her entschieden wir uns für den 16. März, einen Sonntag. Sandra teilte uns mit, dass sie aus gesundheitlichen Gründen alle Termine bis auf Weiteres absagen müsse. Das nahmen wir zur Kenntnis und wünschten ihr gute Besserung.

Anfang Januar meldete sich meine Anwältin bei mir. Sie fand den Geldbetrag, der mir von der Krankenkasse überwiesen wurde, ebenfalls als sehr merkwürdig. Sie bat mich um mein Einverständnis, sich die Sachlage von der Krankenkasse genau deklarieren und erklären zu lassen. Ich stimmte zu.

Die Antwort auf meine fünfte Einsprache vom September war nach wie vor ausstehend.

# LIPÖDEM-FACHTAGUNG IN HANNOVER

Vor einigen Wochen meldete sich bei mir eine Mitbegründerin der Deutschen Lipödem-Selbsthilfegruppe (lipoedem-hilfe-ev.de). Ich hatte sie vor einigen Monaten angefragt, ob sie mit einer gegenseitigen Verlinkung unserer Homepages einverstanden wäre. Das waren sie. Nun fragte sie, ob jemand aus der Schweiz Lust und Zeit hätte, an der Lipödem-Fachtagung in Hannover teilzunehmen. Der Anlass fand am 10. Mai 2014 statt. Meinerseits stand nichts im Wege und mein Interesse war geweckt. Noch am selben Tag sendete ich eine E-Mail inklusiv des Programms an alle Frauen mit Lipödem, die ich kannte. Ich war sehr erfreut, als sich eine Frau bei mir meldete, die ich bereits von den SHG-Treffen kannte. Ich nenne sie Hilde. Sie war ebenfalls interessiert, mit mir zusammen nach Hannover zu fahren. Gemeinsam machten wir uns an die Planung der dreitägigen Reise. So konnten wir die Tagung mit einer Stadtbesichtigung verbinden. Wir wollten komfortabel reisen und nächtigen und dennoch sollte es nicht allzu teuer sein. Hilde und ich erwiesen uns als eine perfekte Ergänzung für dieses Projekt und waren uns schnell einig. Zusammen freuten wir uns riesig auf die Tagung und auf die Stadt. Hannover, wir sind bereit!

# REAKTIONEN AUF DEN BERICHT IN DER SCHWEIZER ILLUSTRIERTEN

Der Bericht, den der ehemalige TV-Arzt und ich für die Schweizer Illustrierte geschrieben hatten, zeigte langsam seine Wirkung. Täglich kamen E-Mails und Telefonanrufe von Betroffenen, aber auch von Menschen, die abklären lassen wollten, ob sie ein Lipödem hatten oder nicht. Teils litten sie schon jahrelang unter den typischen Symptomen wie Schmerzen und Schwellungen der Beine, unerklärlicher Gewichtszunahme der unteren und oberen Extremitäten. Als erste Massnahme konnte ich sie auf unsere Homepage hinweisen. Dort fanden sie viele Antworten und eine Liste von Ärztinnen und Ärzten, die sich auf das Lipödem spezialisiert hatten oder zumindest das Lipödem kannten.

# DRITTER VORTRAG ÜBER DAS LIPÖDEM IN ZÜRICH

Am 14. Januar 2014 hielt Doc einen weiteren Vortrag zum Thema Lipödem für die Öffentlichkeit. Er inserierte wie für die ersten zwei Abende in der 20 Minuten Zeitung. Die Menschen kamen einmal mehr in Scharen. Ebenfalls anwesend waren Melina und Lena von der Zürcher und St. Galler SHG. Der Vortrag fand im Volkshaus in Zürich statt und zu meinem Erstaunen waren wieder alle Plätze belegt. Mindestens 80 Personen waren im Saal anwesend und alle hörten sie gespannt zu. Am Anfang hatte ich die Gelegenheit, die Selbsthilfegruppe und die Sektionsleiterinnen Melina und Lena wie auch unsere Ziele vorzustellen. Auch eine bekannte Schweizer Kompressionsstrumpffirma war anwesend. Der Vertreter der Firma klärte die Teilnehmenden über die Materialien und Anziehhilfen auf. Zum Schluss konnten wir viele Fragen beantworten und eine lange Liste mit Kontaktdaten mit nach Hause nehmen.

Der Fragebogen zu meiner Diplomarbeit sendete ich allen betroffenen Teilnehmerinnen des Vortrags zu. Ich war gespannt, wie viele der ausgefüllten Fragebögen den Weg zu mir zurückfanden.

Immer häufiger wurde ich auf den Bericht der Schweizer Illustrierten vom 30. Dezember angesprochen. Die Menschen waren begeistert, endlich über ihre Erkrankung in der Öffentlichkeit zu lesen. Lange genug mussten viele Betroffene mit Unverständnis ihres Umfeldes und ihren Ärzten leben. Das musste ein Ende haben, da waren sich alle mit mir einig.

126

# INTERVIEWS UND ERFAHRUNGSBERICHTE

Ich hatte mir vorgenommen, in diesem Buch auch andere Frauen mit Lipödem ihre Geschichte erzählen zu lassen. Ebenso wollte ich Fachspezialisten der Gefässmedizin, Psychologie und dem BAG interviewen. Zudem war mindestens eine Meinung aus Deutschland und aus Österreich mein Ziel. Ich machte mich sogleich an die Arbeit. Als erstes befragte ich den Arzt, der bei der Aufklärungsarbeit im Jahr 2013 bis Mitte 2014 mit Vorträgen am meisten Unterstützung geboten hatte.

# MEINE FRAGEN AN DR. MED. NIKOLAUS LINDE (JANUAR 2014)

**Welchen Nutzen kann eine Fettabsaugung bzw. Liposuktion bei einer Lipödem Patientin bringen?**

Die Liposuktion ist die einzige Massnahme, die das Volumen eines Lipödems dauerhaft verkleinern kann. Mit sogenannten konservativen Massnahmen wie Lymphdrainage oder Kompressionsstrümpfen reduziert man das Volumen auch, aber das Resultat ist nur so lange vorhanden, wie der Strumpf getragen oder die Drainage durchgeführt wird. Der Eingriff kann aus ästhetischen Gründen erfolgen, weil man beispielsweise keine vernünftigen Hosen mehr findet, die passen oder weil das Tragen von Stiefeln nicht mehr möglich ist. Patientinnen erhoffen sich von der Liposuktion auch eine Verminderung ihrer Symptome wie Beinschwellungen und/oder Beinschmerzen. Die Schwellungskomponente und auch die Schmerzen (sog. Lipalgieforme Schmerzen) können sehr häufig deutlich bis ganz durch eine Liposuktion verbessert werden. Die Zufriedenheit der Patientinnen mit der Fettabsaugung beim Lipödem ist sehr hoch. Vorausgesetzt, man klärt seriös über das zu erwartende Resultat auf.

**Ist eine Fettabsaugung bzw. Liposuktion beim Lipödem immer die ideale Behandlung und wann raten Sie davon ab?**

Ich empfehle bei der Behandlung des Lipödems immer ein

stufenweises Vorgehen. Zuerst sollten andere Erkrankungen ausgeschlossen werden, die ähnliche Symptome wie beim Lipödem verursachen. Dies können Venen-, Rücken-, Muskelprobleme oder auch ein Weichteilrheuma sein. Um das Fettvolumen am Bein dauerhaft zu reduzieren, ist nur die Fettabsaugung (Liposuktion) die Methode der Wahl. Dieser Eingriff ist jedoch nur sinnvoll, wenn damit die Erwartungen des Patienten erfüllt werden können. Voraussetzungen dafür sind anatomische Gegebenheiten, dass beispielsweise das störende Volumen am Bein wirklich Fett und nicht Knochen oder ein ausgeprägter Muskel ist. Meiner Ansicht nach sollte das Körpergewicht in etwa im normalen Bereich +/- 10 – 20 % sein. Bei einem Patienten, der kontinuierlich zunimmt, macht die Fettabsaugung keinen Sinn. Grundsätzlich empfehle ich zur Behandlung des Lipödems zuerst immer konservative Massnahmen wie Lymphdrainage, Kompressionstherapie, Normalisierung des Gewichtes und andere Massnahmen. Sind nach Ausschöpfung dieser Massnahmen immer noch Beinschmerzen vorhanden, kann die Liposuktion eine gute Behandlungsmethode darstellen.

### Welche Operationsmethoden werden bei einer Fettabsaugung beim Lipödem angewendet?

Es gibt verschiedenste Methoden der Fettabsaugung eines Lipödems. Man kann jedoch nicht sagen, welche die beste Methode der Absaugung eines Lipödems ist. Es liegen zu wenig seriöse Studien zu diesem Thema vor. Nicht selten preisen Ärzte oder Firmen ihre Techniken bzw. Absaugmaschinen als «das Beste» an, doch das ist meistens eher Marketing anstelle einer seriösen, fundierten Darstellung. Im Gespräch mit den führenden Ärzten weltweit und unter Auswertung der aktuellen Studien zu diesem Thema kann man folgende wichtige Punkte festhalten, die beim Absaugen eines Lipödems wichtig sind.

**Die Behandlung in Tumeszenzanästhesie.**
Darunter versteht man das Auffüllen der abzusaugenden Zone mit örtlicher Betäubung. Diese wird stark mit 0,9 % Kochsalzlösung verdünnt, wie sie im Körper von Natur aus vorhanden ist. Durch dieses Aufschwemmen des Gewebes füllen sich die Fettzellen mit dieser Flüssigkeit. Anschliessend kann das Fett besser und schonender abgesaugt werden. Im Weiteren werden Blut- und Lymphgefässe durch diese Lösung zusammengedrückt, sodass sie sehr schmal werden. Dadurch ist die Verletzungsgefahr bei der Absaugung sehr gering. Man kann das beim Eingriff beobachten, weil bei der Absaugung so gut wie kein Blut verloren geht und das Fett in seinem Originalzustand, als gelbe Flüssigkeit, entfernt wird. Lymphgefäss- oder Nervenschädigungen sind durch diese Technik ebenfalls so gut wie nicht möglich. Ein weiterer positiver Effekt der Tumeszenzanästhesie liegt darin, dass das aufgefüllte Gewebe schmerzfrei ist. Eine Voll- oder Teilnarkose ist mit dieser Technik nicht notwendig (wird aber aus Bequemlichkeitsgründen trotzdem von einigen Arztzentren durchgeführt). Durch die Behandlung in örtlicher Betäubung sind im Gegensatz zur Narkose Operationskomplikationen wie Thrombose oder Lungenembolie sehr selten.

Bei der Absaugung sollte man sich unbedingt an die lymphologischen Gesetzmässigkeiten halten, wie sie am Bein vorhanden sind. Das heisst, der Arzt sollte den Verlauf der Lymphgefässe kennen und diesen bei der Absaugrichtung beachten. Das bedeutet, dass bei der Absaugung immer ganz streng in Längsrichtung gearbeitet werden soll. So kann eine Verletzung der Lymphgefässe verhindert werden. Eine fächerförmige Absaugung, wie sie normalerweise üblich ist, muss unbedingt verhindert werden, weil dadurch Lymphgefässe verletzt werden könnten.

Der Einsatz kleiner Kanülen mit einem Durchmesser von 1 – 2 mm ist ideal. Sie sollten ein nicht zu aggressives Lochdesign aufweisen. Bei vibrierenden Kanülen kann das Kaliber auch einmal 3 – 4 mm betragen. Wichtig ist aber, dass die Kanülen möglichst atraumatisch, d.h. ohne scharfe Kanten oder Aufrauungen gearbeitet sind. Somit sind Verletzungen des Lymphgefässsystems ausgeschlossen. Auch bleiben die Bindegewebebrücken erhalten, die für die Straffung des Gewebes sehr wichtig sind. *(Bilder u. li. 5.jpg / u.re. 3.jpg Quelle: Dr. med. Nikolaus Linde)*

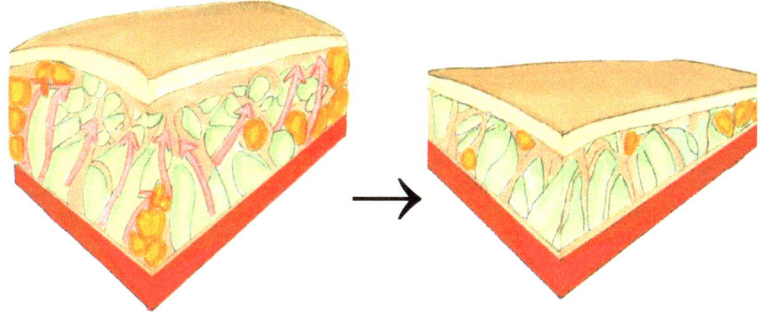

©Dr. med. Nikolaus Linde

Beim Absaugen unter Berücksichtigung der obigen Punkte wird das Fett aus seinen Speicherdepots am Bein unter Schonung der Lymphgefässe entfernt. Die Bindegewebebrücken, die die Haut (oben, braun) an die Muskulatur (unten, rot) binden, ziehen sich im Rahmen der Abheilungsphase nach der Fettabsaugung zusammen (siehe Pfeilrichtung in Abbildung links), was zu einer Straffung des Gewebes führt. Es bleibt keine überschüssige Haut übrig, sie strafft sich nachhaltig. Der Straffungseffekt der Bindegewebefasern führt nach einer Fettabsaugung dazu, dass sich das Bindegewebe verhärtet und an Elastizität verliert. Das Ergebnis ist eine Gewebeverhärtung, so, dass es nicht mehr sehr dehnbar ist. Dies erklärt die massive Verbesserung der Schwellungstendenz an den Beinen nach einer Fettabsaugung. Die Abheilungszeit nach einer Fettabsaugung dauert Wochen. Trotzdem kann man schon nach ein bis zwei Tagen nach dem Eingriff wieder arbeiten gehen und nach ein bis zwei Wochen darf man in der Regel auch wieder

Sport treiben. Je nach Beinschwellung muss man eine gewisse Zeit noch einen Kompressionsstrumpf tragen.

## Vibrationskanülen

Darunter versteht man Kanülen, die beim Absaugen gleichzeitig »rütteln«, also vibrieren oder wackeln. Die Bewegung der Kanülen findet in einer sehr hohen Frequenz statt. Dieser Effekt bewirkt, dass die Fettzellen aus ihren Bindegewebebetten herausgeschüttelt werden, was schonender sein soll als andere Behandlungskonzepte. Genaue Studien diesbezüglich fehlen allerdings. Ein Nachteil dieser Technik ist, dass der Durchmesser der verwendeten Kanülen dicker ist (3 bis 4 mm). Die Anwendung dieser Absaugtechnik ist weniger anstrengend für den behandelnden Arzt, was vielleicht auch die Beliebtheit dieser Methode bei manchen Ärzten erklärt.

**Wasserstrahlabsaugung** bei der Tumeszenzanästhesie herkömmlicher Art wird die Tumeszenzlösung zuerst in das Fettgewebe eingebracht und lässt es dann eine gewisse Zeit einwirken. Bei der Wasserstrahlabsaugung wird das Gewebe fast gleichzeitig mit der Tumeszenzlösung aufgepumpt und das Fett abgesaugt. Hierdurch benötigt es wesentlich weniger Flüssigkeit. Laut Hersteller soll dieses Verfahren weniger traumatisch für das Gewebe sein. Entsprechende seriöse Studien fehlen.

## Welche Erwartungen haben Lipödem Patienten an eine Liposuktion und inwiefern sind sie in Korrelation mit der Realität?

Patienten erwarten durch die Fettabsaugung eine starke Umfangabnahme an den Beinen oder der Arme, wenn sie aus ästhetischen Gründen diesen Eingriff wünschen. Solche Ergebnisse sind immer dann möglich, wenn es viel absaugbares Fett hat. Häufig zeigen Lipödempatientinnen eine sehr kräftige Beinmuskulatur. Das führt dazu, dass die Beine immer noch kräftig sind, auch wenn das Fett fast komplett entfernt werden konnte. Vor einem Eingriff muss dem

Patienten genau aufgezeigt werden, was er als Ergebnis erwarten kann, also was absaugbares Fett und was Muskulatur ist. Das ist nicht selten für den Patienten ernüchternd. Auch eine schlaffe Cellulite wird durch eine Absaugung niemals besser, sondern eher schlechter. Patienten, die aus medizinischen Gründen kommen, sind fast immer zufrieden, weil Schwellungen und Beschwerden sich deutlich verbessern. Eine vorgängige, klare Kommunikation zwischen Patienten und Chirurgen, was ästhetische Erwartungen betrifft, ist unumgänglich, um die Grenzen der Methode aufzuzeigen und Enttäuschungen vorzubeugen.

### Ist ein invasiver Eingriff im Anfangsstadium des Lipödems sinnvoll?

Die Fettabsaugung kann in jedem Stadium eines Lipödems sinnvoll sein, wenn man entweder Fett entfernt haben will oder lipalgieforme Beinbeschwerden durch das Lipödem bestehen.

### Verschiedene Instanzen unseres Gesundheitswesens sehen in einer Liposuktion nur den ästhetischen Nutzen und blenden den chirurgischen Aspekt völlig aus. Was könnte Ihrer Meinung nach dahinterstehen?

Leider besteht diesbezüglich bei vielen Ärzten und vor allem bei den Vertrauensärzten der Krankenkassen ein Unwissen über die Lipödem Erkrankung. Selbstverständlich kann eine Fettabsaugung vielen Lipödem Patientinnen die Lebensqualität zurückgeben, die sie einst hatten. In Studien wurde das bewiesen. In solchen Fällen ist der Eingriff ausschliesslich medizinisch. Leider gibt es auch viele Frauen, die ihre Problematik mit Übergewicht oder unförmigen Beinen auf das Lipödem schieben. Unehrliche Anträge an die Krankenkasse und Vertrauensärzte mit Texten, die in irgendwelchen Foren empfohlen wurden, sind die Folge. In vielen Fällen ist nämlich die ästhetische Komponente das eigentliche Problem und Schmerzen sind gar nicht vorhanden, nur zweitrangig oder nicht durch das

Lipödem verursacht. Krankenkassen und Vertrauensärzte fühlen sich durch solche unehrlichen Anträge von Patienten betrogen und verallgemeinern das dann auf alle Anträge. Als Reaktion gehen Patientinnen, bei denen eine Kostengutsprache absolut in Ordnung wäre, leer aus.

*Ein herzliches Dankeschön für das Beantworten meiner Fragen an Herrn Dr. med. Nikolaus Linde,*

*FMH für Allgemeinmedizin und Phlebologie, Januar 2014*

# GESPRÄCH MIT DEM VERTRAUENSARZT

Es war ein Sonntag im Januar 2014. Ich bereitete mich auf das kommende Gespräch am darauffolgenden Tag mit einem Vertrauensarzt einer grossen Krankenkasse vor. Am Gespräch sollte eine nahe Verwandte einer Lipödembetroffenen, der Vertrauensarzt und ich teilnehmen. Es ging darum, dass die Krankenkasse nicht bereit war, einer Lipödem Betroffenen die notwendige Liposuktion zu bezahlen. Die betroffene Person litt sehr unter ihren kranken Beinen und war dementsprechend psychisch angeschlagen. Was ich vollumfänglich verstehen konnte. Ich bot ihr an, Sie an dieses Gespräch zu begleiten. Vom ehemaligen TV-Arzt wurde ich über diesen Fall aufgeklärt. Nun war es so weit. Via E-Mail klärte ich mit einer Verwandten der Patientin die letzten Fakten.

Wir trafen uns eine Stunde vor dem Termin, damit wir die Möglichkeit hatten, uns etwas besser kennenzulernen. Ob die Betroffene selbst anwesend sein würde, war zu diesem Zeitpunkt unklar. An jenem Morgen stieg ich in den überfüllten Zug nach Zürich. Nur mit Mühe fand ich einen Sitzplatz. Sehr ärgerlich, im Wissen darum, dass die erste Klasse vor Leere gähnte. Nachdem ich den halben Zug durchkämmt hatte, fand ich endlich eine Sitzgelegenheit. Einmal mehr war ich froh, kurze Beine zu haben. Mein Gegenüber musste sich diesbezüglich mehr einschränken. Ich holte ein Buch aus meiner Tasche. Vor einigen Tagen hatte ich es von einer lieben Bekannten geschenkt bekommen. »Das Lächeln der Pandora«. Die spannende Geschichte spielte in Zürich, das machte es für mich greifbar, nah und mitreissend. Die Reisezeit verging durch das Lesen wie im Fluge. Fast hätte ich es verpasst, in Zürich auszusteigen. Hastig packte ich meine Sachen und verliess den Zug in Windeseile.

Ich traf die Frau gleich neben dem Bahnhof in Oerlikon. Sie beschrieb sich selbst als klein, leicht rundlich, mit schneeweissen, kurzen Haaren. Da stand sie vor dem Hoteleingang, unverkennbar. Nach der Begrüssung setzten wir uns in die moderne Lounge Bar. Wir bestellten uns einen Kaffee und besprachen, wie wir vorgehen wollten. Sie erzählte mir einiges über ihre Schwiegertochter, damit ich mir ein Bild machen konnte, über wen wir vor dem Vertrauensarzt sprachen. Dann machten wir uns auf den Weg zum nahegelegenen Treffpunkt.

Der Vertrauensarzt begrüsste uns freundlich und erzählte kurz, wer er war und wie die Krankheit Lipödem in Deutschland, seinem Heimatland, gehandhabt wurde. Danach durfte sich die Vertretung der Lipödempatientin, um die es sich bei dieser Besprechung handelte, erklären. Ich hörte mir beide Seiten an und wurde anschliessend gebeten, die Lipödem SHG und mich persönlich vorzustellen. Die Sachlage war schnell geklärt. Aktuell war die Krankenkasse nicht bereit, für die Kosten der Liposuktion aufzukommen. Die Vertreterin der Patientin war darauf vorbereitet und stellte klar, dass sie auf einen Rechtsstreit für die Kostenübernahme der bereits vollzogenen Liposuktion verzichten würde. Ihr liegt vielmehr daran, dass in der Sache allgemein etwas passierte. In Zukunft sollen bei anderen Betroffenen die Kosten für Lipödem Behandlungen, ob invasiv oder konservativ, übernommen werden. Daraufhin einigten wir uns mit dem Arzt, dass er das Thema in der Schweizerischen Gesellschaft für Vertrauensärzte an einem der nächsten Treffen auf den Tisch bringen musste. Er versprach es uns, nachdem wir gesagt hatten, dass dies unsere Erwartungen an ihn sind. Ich wollte informiert werden über die nächsten Schritte. Sollte ich mehr als zwei Monate nichts von ihm hören, würde ich mich wieder bei ihm melden. Er gab uns sein Wort. Die Vertreterin der Patientin und ich waren auf dem Weg zum Bahnhof, als sie mich fragte, ob ich mit ihr zu Mittag essen würde. Die Zeit nahm ich mir gerne. Es war zwölf Uhr und unsere Mägen knurrten um die Wette. In einem mexikanischen Restaurant genossen wir ein herrliches Mahl. Wir hatten uns viel zu erzählen, obwohl wir uns kaum kannten. Sie war eine sehr interessante, viel gereiste, weltoffene Frau. Trotz ihrer wunderschönen weissen Haare sah man ihr nicht an, dass sie über siebzig Jahre alt war. Es war eine inspirierende Begegnung. Bis nach Zürich sassen wir in demselben Zug, danach trennten sich unsere Wege.

Ich hatte noch am selben Tag einen Termin bei einem Verlag. Vor einiger Zeit durfte ich fünfzig Seiten meines Manuskriptes an diesen einsenden. Ich war gespannt, was ich alles verbessern konnte. Irgendwann wollte ich meine Zeilen veröffentlichen. Die zuständige Person sprach interessiert mit mir über das Thema meines Buches. Beiläufig erwähnte sie, dass sie mir gleich einen Mustervertrag ausdrucken würde. Ich stand einen kurzen Moment fast regungslos neben ihr. Meine Sprache war weg, so erstaunt war ich. Erst als wir ein paar Minuten später den Vertrag Punkt für Punkt durchgingen, wurde mir bewusst, dass sie tatsächlich mein Buch in Ihren Verlag aufnehmen wollte. Den Freudensprung machte ich erst, als ich wieder draussen auf der Strasse war. Damit hatte ich nicht gerechnet. Letztes Jahr besuchte ich mehrere Schreibseminare bei einer bekannten Autorin. Sie erzählte mir, dass sie bei ihrem ersten Buch über hundert Verlage anschreiben musste, bis man ihr einen Vertrag vorlegte. Der Zeitpunkt konnte nicht besser sein. Das Thema Lipödem musste raus, raus in die Welt, oder zumindest erstmal in den deutschsprachigen Raum. Manchmal glaubte ich, ich müsste mich dafür entschuldigen, die Krankheit laut auszusprechen. Doch jetzt erst recht »Lipöödeeeem!« Ein Philosoph sagte einst: »Alle neuen Ideen müssen durch drei Phasen gehen. Zuerst werden sie verhöhnt. Dann werden sie angegriffen. Jahre später werden sie als selbstverständliche Wahrheiten akzeptiert. Dann sagen die Leute: Oh ja, das haben wir doch schon die ganze Zeit gewusst.« *gelesen im Buch (Die Hormon Revolution, S. 225, 8. Auflage)*, das könnte auch auf die verkannte Krankheit Lipödem zutreffen.

# VORSTELLUNG DER LIPÖDEM SHG

Es war ein Samstag, Ende Januar. Am Nachmittag präsentierte ich bei einer Weiterbildung von Physiotherapeuten im damaligen Bildungszentrum in Bad Ragaz unsere Lipödem-Selbsthilfegruppen und das Krankheitsbild Lipödem. Anschliessend war eine Diskussion im Plenum geplant. Ich prüfte nochmals alle Unterlagen. Als ich vor Ort eintraf, waren die Auszubildenden noch fleissig am Üben von Kompressionsverbänden an den zuvor mit Lymphdrainage behandelten unteren Extremitäten. Der Ausbilder forderte sie dazu auf, sich langsam für die Präsentation fertig zu machen. Die Liegen wurden im Handumdrehen zu Tischen umfunktioniert. Das Publikum war sehr interessiert und anschliessend wurde rege diskutiert und Fragen gestellt. Eine Teilnehmerin erzählte, dass sie sich Gedanken darüber machen möchte, in der Umgebung ein spezielles Bewegungsprogramm für Lipödempatientinnen anzubieten. Der Ausbilder gab mir ein paar wertvolle Adressen von interessanten Personen aus Deutschland. Diese behandelten oder machten Schulungen zum Thema Lipödem und Lymphödem. Es war ein gelungener Anlass.

# DIE LIPÖDEM SHG ZÜRICH ÖFFNET IHRE TORE

Nun war es so weit. Melina hatte sich den 4. Februar 2014 für das erste Treffen der Frauen mit Lipödem aus der Region Zürich entschieden. Wir waren beide gespannt, wie viele Frauen an diesem Abend mit dabei sein würden. Für das Treffen stellte das Selbsthilfecenter die Räumlichkeit zur Verfügung. Am nächsten Tag berichtete Melina, dass der Abend erfolgreich war. Es hatten sechs betroffene Frauen teilgenommen. Der Umgang mit der Krankheit und das Wissen über dieses Thema waren sehr unterschiedlich, so Melina. Ich freute mich mit ihr über den gelungenen Start.

# ANTWORTEN AUF MEINE FRAGE

Am Morgen des 7. Februars bekam ich eine Antwort auf den mir unerklärlichen Geldbetrag, der mir kurz vor Weihnachten von meiner Krankenkasse auf mein Konto überwiesen worden war. Es handelte sich um Fr. 406.80. Meine Anwältin nahm sich dieser Sache an und forderte von der Krankenkasse eine Erklärung. Die Anwältin formulierte es folgendermassen: »Der von der Kasse bezahlte Kostenanteil entspricht dem von der »Mittel- und Gegenständeliste (MiGeL)« vorgesehenen Höchstvergütungsbetrag (HVB).« Somit war dies geklärt und dennoch blieben offene Fragen. Weshalb bezahlte die Krankenkasse dieses Mal einen Anteil an die Kompressionsstrumpfhose, nachdem sie zuvor mehrmals eine Kostenübernahme abgelehnt hatte? Wie sieht es mit den zwei Kompressionsbestrumpfungen vom Jahr zuvor aus? Würden sie mir diese nachträglich teilweise vergüten? Würde ich mich darauf verlassen können, dass mir die Krankenkasse künftig für meine Kompressionsbekleidung mit der Höchstvergütung von MiGeL entgegenkommt? Was war mit der Kostenübernahme der Liposuktion? Zu meiner Einsprache hielten sie sich nach wie vor bedeckt.

# NATALIAS GESCHICHTE

Kurz vor halb zehn Uhr morgens betrat ich das Kaffeehaus in meiner Nachbarstadt. Die Einrichtung war noch dieselbe wie vor zwanzig Jahren, dennoch strahlte es für mich nach wie vor einen gewissen Charme aus. Ich schaute mich kurz um und ging Zielgerade auf den kleinen Tisch zu, gleich neben der Tür beim Fenster. Zwei Minuten später traf Natalia (43) ebenfalls ein. Wir begrüssten uns herzlich und bestellten Tee und Kaffee. Wir entschieden uns, dass der gewählte Platz gut geeignet war für das geplante Interview. In zwei, drei Sätzen erklärte ich ihr die Vorgehensweise. Natalia ist zweifache Mutter und verheiratet. Ihre herzliche, warme Ausstrahlung fiel mir schon bei einem früheren SHG-Treffen auf. Sie ist eine bodenständige Frau, die mit beiden Beinen fest auf dem Boden steht. Eine jugendliche Frische umgab die Frau und sie sah um einiges jünger aus, als sie tatsächlich war. Weiter erzählte sie mir, dass sie mit ungefähr 18 Jahren das erste Mal wahrgenommen hatte, dass eine gleichaltrige Freundin von ihr straffe, schöne Beine hatte. Dies, obwohl sie etwas mollig war. Natalias anfängliche Cellulite veränderte sich im Laufe der Zeit zu Dellen. Sie erklärte mir: »Ich fühlte mich deswegen nie schlecht und auch nicht dick, denn mein Oberkörper war schlank.« Am Oberkörper trug sie, bis sie ungefähr fünfundzwanzig Jahre alt war, die Kleidergrösse sechsunddreissig. Am Unterkörper waren es einige Konfektionsgrössen mehr. Wenn sie damals mit ihren Kolleginnen/Kollegen ein Eis oder Pizza essen ging, bekam sie Sprüche zu hören wie: »Kein Wunder, dass du so aussiehst, du solltest das nicht essen.« Dabei assen die anderen dasselbe wie sie. Das schmerzte und dennoch wusste sie, dass sie nicht einfach dick war. Es waren nur ihre Beine, die anders waren als bei ihren Mitmenschen. Als sie ungefähr zweiundzwanzig Jahre alt war, verschrieb ihr der Hausarzt auf ihr Drängen Lymphdrainagen. Der junge Physiotherapeut fragte sie unverblümt, was denn ihr Freund zu ihren Beinen sagte. Natalia entgegnete keck, was denn seine Freundin zu seiner Glatze meint? Trotz des unprofessionellen, unverschämten Verhaltens des Physiotherapeuten zog Natalia die weiteren Behandlungen bis zum Schluss durch. Hut ab! Erst mit 31 Jahren liess sie sich von ihrem Hausarzt die Beine untersuchen, denn sie schmerzten seit einiger Zeit. Berührungs- und Druckempfindlichkeit sowie unbegründete blaue Flecken kamen dazu. Sie beschrieb ihre Schmerzen als teilweise zyklusabhängig. Die Schmerzen waren sowohl am Tag als auch teilweise in der Nacht zu spüren. Ihr Arzt sagte, sie sei übergewichtig und sie sollte auf ihr Gewicht achten. Natalia erzählte weiter, dass sie nicht übermässig und auch ausgewogen esse. Einzig Süssigkeiten liebte sie über alles, aber sie achte darauf, dass sie nicht zu viel davon konsumiere. Sie spürte, dass es nicht nur am Essen liegen konnte. Die Beine verschlechterten sich in Schüben ohne sonderlichen Grund. »Ich fühlte mich immer mehr zweigeteilt, die Beine als nicht ganz zu mir gehörig«, sagte sie nachdenklich. Ihr fiel auf, dass ihr manche Menschen keinen Sport zutrauten. »Die Mitmenschen reagieren erstaunt, wenn sie mich auf dem Fahrrad sehen. Mir traut man nicht zu, dass ich mich regelmässig bewege. Ich gehe Radfahren, Schwimmen, Skifahren und ich bin gerne zu Fuss unterwegs und dies schon immer«, erzählte Natalia weiter. Sie hatte als Teenager regelmässig Volleyball gespielt, verriet sie mir. Sie war bis anhin in ihrer Bewegung nicht eingeschränkt. Im Sommer 2003, als das Thermometer in schwindelerregende Höhe stieg, war Natalia schwanger. Sie gebar Zwillinge. In der Schwangerschaft hatte Natalia sehr viel Wasser in den Beinen eingelagert. Das Wasser war nach der Geburt aber zum Glück wieder weg und die Beine waren erstaunlicherweise in einem ähnlichen Zustand wie vor der Schwangerschaft. Kurze

Zeit zuvor liess sie sich von einem Facharzt der Angiologie (Gefässspezialisten) untersuchen, denn die Schmerzen und die Druckempfindlichkeit nahmen stetig zu. Die Venen waren gesund und beim Lymphsystem konnte der Arzt nicht zu hundert Prozent sagen, ob es noch vollständig intakt war. Er sagte, dass er sie beruhigen könne, es sei nichts Akutes, es handle sich nur um ein Lipödem. Er fügte noch hinzu, dass man die Beine, wenn sie einen störten, operieren könne. Der Arzt konnte ihr jedoch nicht sagen, wo sie den Eingriff durchführen lassen konnte. Im Krankheitsbericht stand, »Es handelt sich um eine nicht gefährliche, jedoch mühsame, chronische Erkrankung.« Mir fiel bei diesem Gespräch auf, dass Natalia ein sehr starkes Selbstbewusstsein besass und dies trotz der vielen Widrigkeiten, die sie erleben musste. Sie hatte die letzten fünfundzwanzig Jahre keine Empfehlung für eine Behandlung ihrer Beine erhalten. Sie wusste lange nicht, dass ihre Beine krank waren. Heute denkt sie, dass vielleicht vieles anders gelaufen wäre, wenn sie die Diagnose Lipödem früher erhalten hätte und korrekt beraten und therapiert worden wäre. Zurzeit überlege sie sich immer häufiger, ob sie vielleicht eines Tages doch eine Liposuktion durchführen lassen sollte. Denn der schubweisen Verschlechterung der Beine möchte sie nicht tatenlos zusehen. Doch die Zeit wäre noch nicht genug reif für diesen Schritt, meinte Natalia und trank langsam und genüsslich den letzten Schluck Ihres Pfefferminztees. Einen Wunsch hat sie an die Hausärzte und an die Gefässspezialisten. Sie wünscht sich für die Zukunft, dass Menschen mit einem Lipödem ernst genommen werden und die Krankheit nicht mehr als ästhetisches Problem abgewertet wird. Die Ästhetik ist die eine Sache, die psychisch sehr belastend sein kann. Hinzu kommen die körperlichen Belastungen, die mit starken Schmerzen verbunden sein können. Natalia wünscht sich, dass die Mitmenschen erst überlegen, bevor sie sagen: »Schau, die ist aber dick«, denn es könnte sich dahinter auch eine Krankheit verbergen. Natalia sagte, dass ihre beiden zehnjährigen Kinder im Schwimmbad schon früh selbst unterscheiden konnten, ob andere

Mütter gesunde Beine hatten im Vergleich zu ihrer eigenen Mutter. Warum gelang dies vielen Erwachsenen und Ärzten nicht? Die Kirchenuhr schlug soeben elf Uhr fünfzehn. Die Zeit war wie im Fluge vergangen.

*Liebe Natalia, ich danke dir herzlich für diesen interessanten Einblick in dein persönliches Leben. Eine berührende Geschichte. (Natalia B. aus dem Rheintal, Februar 2014)*

# TRÄNEN BEIM FRÜHSTÜCK

Ein normaler Morgen: Ich sass gemütlich am Küchentisch und ass genüsslich mein Frühstück. Nebenbei schaute ich mir die neuen E-Mails an. Eine E-Mail von einer Frau, die sich kurz zuvor an mich gewandt hatte, weil ihre Mutter Hilfe benötigte, fesselte mich besonders. Ich empfahl ihr damals zwei Ärzte in ihrer nahen Umgebung für die Abklärung ihrer Beine. An diesem Morgen schrieb mir die Tochter, dass sich ihre Mutter endlich nach vierzig Jahren Schmerzen beim empfohlenen Arzt gut aufgehoben fühlte. Er hatte bei ihrer Krankenkasse ein Gesuch für die Kostenübernahme ihrer bevorstehenden stationären konservativen Behandlung eingereicht. Sie war bereits im Stadium 3. Sie bedankte sich bei mir für die Empfehlung. Nach vierzig Jahren ... mir kullerten die Tränen über die Wangen. Wie konnten die Ärzte, solange ein Lipödem übersehen? Solche Fälle wurden mir in Zukunft leider noch viele gemeldet. Das ist unglaublich, aber wahr.

# FRAGEN AN DEN LEITENDEN ARZT DER ANGIOLOGIE DER ZURZACH CARE-REHAKLINIK

Vor ein paar Tagen fragte ich Herrn Dr. med. Wagner von der Rehaklinik in Zurzach, ob er bereit wäre, mir einige Fragen zum Lipödem und dessen konservative Behandlung zu beantworten. Er war sofort bereit dazu. Das freute mich sehr. Lena und ich hatten ihn kurz vor Weihnachten in der Klinik besucht. Schon damals hinterliess er einen angenehmen, professionellen Eindruck. Folgende Fragen beantwortete er mir:

**Wann macht eine stationäre Behandlung beim Lipödem Sinn?**
In der Regel soll und kann die Behandlung einer Patientin mit einem Lipödem ambulant erfolgen. Wenn die ambulanten Massnahmen nicht genügen und es trotzdem nicht zu einer Beherrschung der Beschwerden kommt oder diese sich trotz korrekter ambulanter Therapie sogar weiter verstärken, so ist ein stationärer Aufenthalt indiziert. Die stauungsbedingten Beschwerden können, da sehr häufig ärztlicherseits die Diagnose spät gestellt wird, bis zur absoluten Berührungsintoleranz führen. Diese Situation ist dann ambulant in der Regel nicht mehr beherrschbar und muss stationär behandelt werden.

**Wie ist ein stationärer Aufenthalt bei einer Lipödempatientin aufgebaut?**

Bei Eintritt wie auch bei Austritt erfolgen eine ärztliche Untersuchung und eine Standortbestimmung inkl. Messung der Beinvolumina. Aufgrund der erhobenen Befunde wird die Patientin in das rollende Programm integriert, mit den individuell notwendigen Therapieanpassungen. Der Hauptschwerpunkt ist die Entstauungstherapie, d.h. die manuelle Lymphdrainage kombiniert mit Kompressionsbandagen. Lipödem-Patientinnen tolerieren diese Therapie anfänglich häufig nicht oder nur beschränkt, weswegen die Therapie von Tag zu Tag der neuen Situation angepasst werden muss und was eine grosse Erfahrung des Therapeuten voraussetzt, um trotzdem eine genügende Effektivität zu erreichen. Sukzessive gelingt es aber in Zusammenarbeit mit der Patientin eine effektive Kompression anzubringen und diese bis zur nächsten Therapie zu tolerieren. Weitere, die Entstauung fördernde Therapien werden eingesetzt als Einzeltherapie oder in Gruppen. Diese können im kühlen Wasser (Aquajogging) oder im Trockenen durch spezialisierte Therapeutinnen und Therapeuten instruiert und/oder später allein angewandt werden. Auch die Freude an der Bewegung, welche meist wegen der Schmerzen in den Beinen stark gelitten hat, wird gefördert. Das Programm umfasst auch regelmässige Informationsstunden, in welchen die Ursache der Erkrankung erläutert wird, zur Förderung des Verständnisses der Krankheit und damit aber auch zur Verbesserung der Mitarbeit seitens der Patientin. Dabei können auch jederzeit offene Fragen gezielt beantwortet werden. Falls die Patientin dies wünscht und auch in der Lage dazu ist, kann mit ihr die Selbstbandage an gelehrt werden. Diverse Diäten sind möglich, werden jedoch nicht als obligate Grundvoraussetzung durchgeführt, auch wenn zusätzlich eine Adipositas vorliegen sollte und benötigen den Willen der Patientin. Ziel eines stationären Aufenthaltes ist es, die Patientin so zu schulen, dass sie die Eigenverantwortung übernehmen kann. Dies allein ermöglicht, das erreichte Resultat lange zu halten.

## Was kann mit der stationären Behandlung beim Lipödem erreicht werden?

Ziel eines stationären Aufenthaltes ist die Schulung der Patientin, sodass sie mit den gegebenen ambulanten Therapiemassnahmen wie regelmässiger oder klinikangepasster manueller Lymphdrainage und einer konsequenten Kompressionstherapie auf ambulanter Basis ihren Alltag meistern kann. Es kann häufig, aber nicht immer eine gänzliche Schmerzfreiheit erreicht werden, auf jeden Fall wird jedoch eine deutliche Schmerzreduktion erreicht. Durch die Schulung sollen die Voraussetzungen geschaffen werden, dass die Patientin, wenn immer möglich, nie mehr stationär erscheinen müsste.

## Was kann mit einer ambulanten, konservativen Behandlung erreicht werden?

Die ambulante konservative Behandlung ist die Hauptbasis der Therapie und umfasst als wichtigsten Faktor einerseits eine konsequente tägliche Kompressionstherapie, welche über entsprechend angepasste Kompressionsstrümpfe durch die betroffene Patientin selbstständig und konsequent erfolgen muss. Diese Therapiemassnahme kann klinikangepasst durch die manuelle Lymphdrainage ergänzt werden, welche den Lymphabfluss unterstützt und somit die Entödematisierung fördert. Auch kann durch die manuelle Lymphdrainage gezielt auf fibrosierende Reaktionen des Gewebes eingegangen werden. Hilfreich kann auch die Miete oder der Kauf eines Gerätes zu apparativen intermittierenden Entstauungstherapie sein, welches zu Hause regelmässig oder nach Bedarf eingesetzt wird.

## Wann raten Sie einer Patientin zu einer Liposuktion?

Persönlich rate ich einer Patientin nie zu einer Liposuktion. Es konnte zwar in einer Arbeit durch Prof. Schmeller in Lübeck gezeigt werden, dass durch eine fachgerechte Liposuktion eine Schmerzreduktion erfolgt und auch die Therapieintensität reduziert wurde. Aber der Eingriff der Liposuktion ist immer ein elektiver Eingriff, weswegen ich als Arzt diese therapeutische Option im Rahmen der Konsultation zwar immer erläutere und erkläre, aber den Entscheid dazu selbst nie treffen werde. Diesen muss die betroffene Patientin, mit ihren Angehörigen, in Abwägung ihrer Beschwerden und der korrekt erläuterten Risiken immer selbst treffen. Hinzu kommt, dass ich in meiner Funktion als Spezialist zwar selten, aber trotzdem immer wieder einmal Patientinnen mit Komplikationen nach Liposuktion sehe, was wahrscheinlich ein sehr kleiner Prozentsatz ist im Vergleich zu den zahlreichen erfolgreichen Liposuktionen, was mich aber in meiner Zurückhaltung bestärkt. Aus persönlicher Erfahrung kann ich zudem sagen, dass sich die Mehrzahl der mir bekannten Patientinnen, die sich zu einer Liposuktion entschieden haben, dies aus eher ästhetischen, denn aus Gründen der Schmerzreduktion getan haben.

**Was sind Ihrer Meinung nach die Ursachen für ein Lipödem?**
Da kann ich nur auf die allgemeine Literatur verweisen, insbesondere auch auf die Leitlinien der Deutschen Gesellschaft für Phlebologie, welche unter (awmf.org) zu finden sind. Beobachtet wird eine Disproportion zwischen Oberkörper und kräftigen Beinen. Es ist noch immer unklar, ob es sich dabei allein um eine Vergrösserung (Hypertrophie) der subkutanen Fettzellen oder um eine Vermehrung (Hyperplasie) der Fettzellen, oder um beides handelt. Eine genetische Disposition wird postuliert, hinzu kommt eine Kapillarpermeabilitätsstörung, welche eben zur Wassereinlagerung ins Fettgewebe führt, wie auch zu Hämatomen nach geringstem Traumen. Diese vermehrte Wassereinlagerung führte zu einer Be- und Überlastung des Lymphgefässsystems, welches mit der Zeit dekompensieren kann. So finden wir denn häufig in einem späten Stadium auch eine Lymphabflussstörung. Durch das chronische Ödem entwickelt sich mit der Zeit eine zunehmende Fibrosierung des Gewebes (eine Art Vernarbung). Das chronische Ödem führt zu Spannungsschmerzen im Gewebe, in der Regel in den Beinen, seltener in den oberen

Extremitäten, so, dass es mit der Zeit auch zu Entzündungen der Haut, zu Infekten bis zu offenen Beinen kommen kann.

**Was sagen Sie zu den Vorwürfen von Betroffenen, dass viele Ihrer Kollegen das Lipödem mehr als ästhetisches Problem, denn als Krankheit anschauen?**

Es ist leider so, dass das Krankheitsbild des Fettbeines, wie es früher hiess, häufig nicht ein akut-medizinisches Problem ist und deswegen auch im Ausbildungscurriculum der Ärzte nur am Rande behandelt wird. Darum ist es bedauerlicherweise verständlich, dass sehr viele Ärzte dieses Krankheitsbild nicht kennen und deswegen die vorhandene Klinik mit den kräftigen Beinen unkorrekt einschätzen. Aber Gewichtszunahme gilt als Risikofaktor zur Ausbildung oder Verstärkung der Beinform und/oder der Lipödembeschwerden. Viele Patientinnen in unserer Gesellschaft sind deswegen gleichzeitig auch übergewichtig.

**Was für einen Rat können Sie Lipödembetroffenen mit auf den Weg geben?**

Das Lipödem ist ein chronisches Leiden und bedarf deswegen einer lebenslangen Beachtung. Eine kurative Therapie ist bis anhin nicht möglich. Es gilt, eine konsequente Kompressionstherapie durchzuführen zur Vermeidung der Ödematisierung des Gewebes, was wiederum den Beschwerden entgegenwirkt. Dies wird unterstützt durch viel Bewegung, weswegen Freude an der Bewegung und am Sport wichtig ist. Das Körpergewicht konstant zu halten, ist sehr wichtig, auch wenn das Lipödem nicht einer Adipositas per se entspricht. Mit diesen Massnahmen kann das Beschwerdeausmass meist sehr klein und damit die Freude am Leben aufrechterhalten werden.

*Februar 2014, Zurzach Care-Rehaklinik, (Dr. med. Stephan Wagner, leitender Arzt Angiologie)*

*Ein herzliches Dankeschön an Herrn Dr. med. Wagner für das Beantworten meiner Fragen.*

# TREFFEN DER CHURER- UND RHEINTALERGRUPPE IM FEBRUAR 2014

Die Zeit verging wie im Fluge und die nächsten Gruppentreffen standen bereits vor der Tür. Ich hatte wie üblich eine Woche zuvor die Einladungen verschickt. Ich hoffte auf viele Anmeldungen. Das Treffen in Chur fand am Dienstag, 18. Februar, statt und das Treffen im Rheintal am darauffolgenden Mittwoch. Diesmal war kein Gastreferent geplant. Es sollte einfach ein gemütlicher Austausch stattfinden. Ein paar An- und Abmeldungen gingen bei mir bereits ein. Die Anmeldungen für das Treffen in Graubünden waren weiterhin zaghaft. Ein Grund dafür war, dass immer noch kein Bericht in der Zeitung erschienen war. Die Verantwortlichen liessen sich Zeit. Das musste ich akzeptieren.

Das Thema Lipödem beschäftigte mich mittlerweile seit zweieinhalb Jahren. Die Diagnose erhielt ich am 6. September 2011. Der Aufbau der Selbsthilfegruppen und die öffentliche Bekanntmachung der Erkrankung startete ich im Mai 2012. Dabei stellte ich immer wieder fest, dass viele vom Lipödem betroffene Frauen nicht ausschliesslich an dieser Krankheit litten, sondern häufig auch andere gesundheitliche Störungen hatten. Zum Beispiel eine Frau, die an einem Morbus Menière (Drehschwindelattacken) litt. Selbst hatte ich zwei Jahre vor der Diagnose Lipödem zweimal einen Hörsturz erlitten. Von einigen Betroffenen hörte ich, dass sie gleichzeitig an einer Fibromyalgie oder einer sonstigen autoimmunen Erkrankung litten. Auffällig war für mich auch, dass je schneller sich ein Lipödem verschlechterte, desto mehr andere Störungen oder Krankheiten gesellten sich dazu. Studien darüber fand ich leider keine. Durch die vielen Gespräche, die ich führen durfte, mit Betroffenen aus der Schweiz, Österreich und Deutschland, hatten sich meine Beobachtungen dennoch erhärtet. Eine weitere Feststellung war, dass gehäuft der weibliche Nachwuchs ebenfalls betroffen war. Ich selbst bin in einer Grossfamilie aufgewachsen. Als jüngstes von sieben Kindern bin ich wahrscheinlich die Einzige, die an einem Lipödem leidet. Ich bin mir jedoch bis heute nicht sicher, ob meine Schwester, die an einer Trisomie 21 erkrankt ist, ebenfalls ein Lipödem im Oberschenkel- und Gesässbereich hat. Wenn ich ihre unförmige, adipöse Figur betrachtete, ist es nicht auszuschliessen. Ihre Oberschenkel und ihr Gesäss sind auffallend stark ausgeprägt im Vergleich zum Oberkörper. Ihr Gewebe zeigt kaum Dellen, dennoch klagte sie seit der Pubertät über Schmerzen in den Beinen. Meine Mutter hatte mit knapp vierzig Jahren bereits kranke Beine. Seit ich mich erinnern konnte, hatte sie offene Wunden. Die Bandagen legte sie sich selbst an. Ihre Knie und Oberschenkel waren wulstig und zeigten tiefe Dellen, wie bei einem ausgeprägten Lipödem. Wobei die Bandage, die nur bis zu den Knien reichte, auch ihren Beitrag leistete. Als ich sie auf ihre Beingeschichte ansprach, sagte sie mir, dass ihre Beine nur schmerzten, wenn sie offene Wunden hatte, ansonsten nicht. Sie litt in jungen Jahren bereits an Venenproblemen und stark geschwollenen Beinen. Später kam eine Rechtsherzinsuffizienz dazu. Im hohen Alter wurden ihre Beine bis zu den Knien täglich von der Spitex frisch einbandagiert. Dadurch wurden ihre Unterschenkel so schlank, wie ich sie nie zuvor bei ihr gesehen hatte. Bereits als Kind wünschte ich mir, dass ich nie solche Beine wie meine Mutter haben würde. Als jüngstes von sieben Kindern erhielt ich sämtliche Erbkrankheiten beider Elternteile mit auf meinen Weg.

Kann es sein, dass hinter dem Lipödem eine autoimmune Erkrankung oder vielleicht ein Gendefekt steckt? Auf die Beantwortung dieser und vieler anderer Fragen warten wir Betroffene sehnsüchtig. Wie lange müssen wir uns wohl noch gedulden, bis geforscht wird?

# EIN HEKTISCHER TAG

Dienstag, 18. Februar 2014, ein selbstverschuldet hektischer Tag. Kaum öffnete ich an diesem Morgen die Augen, türmte sich ein riesiger Berg an Aufgaben in meinem Kopf. Diese duldeten keinen Aufschub. Ausbleibende Antworten von verschiedenen Personen mussten eingeholt werden. Dazu gehörte die Zeitung in Graubünden, der Beobachter, das BAG, die Ärztin aus der Universitätsklinik Zürich und, und, und … Bei einigen konnte ich postwendend etwas erreichen, bei anderen wiederum passierte nichts. Die Südostschweiz versprach mir, den Bericht zu veröffentlichen. Zu welchem Zeitpunkt blieb jedoch weiterhin offen. Beim BAG hatte ich mehr Glück. Ich bekam nach meiner Nachfrage postwendend eine Zusage für eine Stellungnahme vom Bundesamt für Gesundheit für dieses Buch. Das motivierte mich. Danach telefonierte ich meine Ohren wund, um herauszufinden, ob es in anderen Gegenden der Schweiz weitere Lipödem Spezialisten gab. Unser Ziel war, in Zukunft den Betroffenen flächendeckend gute Lipödem Spezialisten empfehlen zu können. Das gestaltete sich jedoch schwieriger als erwartet. Teils wurde ich auf andere Tage vertröstet, weil die zuständigen Personen nicht anwesend waren. Andere wussten nicht, worum es sich beim Lipödem handelt. Da ich die Spezialisten alle persönlich kennenlernen wollte, brauchte alles seine Zeit.

Das Gruppentreffen in Chur stand noch am selben Abend an. Pünktlich um 19 Uhr konnten wir das Treffen starten. Wir waren zu dritt. Nach einer kurzen Einführung meinerseits sprudelten die zwei Frauen munter drauflos. An diesem Abend brauchte es keine vorgegebenen Themen. Es wurde ein interessanter Austausch über alltägliche Probleme, Hürden, nicht zahlende Krankenkassen. Es wurde auch viel gelacht. Mir war es wichtig, keine Trauertreffen zu veranstalten. Die Teilnehmerinnen sollten mit einem guten Gefühl nach Hause gehen. Die Zeit verging wie im Fluge. Um 22 Uhr beendeten wir schliesslich den Abend mit der Bitte von mir, sich für das nächste Treffen im April zwei Diskussionsthemen aufzuschreiben. Während der Heimfahrt lief im Radio »Pitbull – Timber ft. Ke$ha«. Aus voller Kehle sang ich den Text mit und war einfach zufrieden …

Bereits am anderen Abend war das Treffen der Gruppe Rheintal. Ich war alles andere als fit. Es wurde trotz des Hämmerns in meinem Kopf ein sehr interessanter Abend. Wir waren zu fünft und wir behandelten im Speziellen das Thema Liposuktion auf Wunsch zweier Anwesenden. Sie planten in absehbarer Zeit einen Eingriff und holten sich bei dieser Gelegenheit einige Informationen. Alle, die schon eine OP hinter sich hatten, teilten sich mit und beantworteten die Fragen, einschliesslich mir.

Wieder zu Hause überlegte ich noch eine Weile, wer mich vertreten könnte, wenn ich gesundheitlich verhindert war. Ich war froh darüber, dass sich durch die Gründung eines Vereins, der im Frühling anstand, sich einiges ändern würde. Die Arbeit konnte unter dem Vorstand aufgeteilt werden. Die Homepage würde ich in Zukunft selbst ergänzen und auf den aktuellen Stand bringen. Das erleichterte einiges. Sandra und ihrem Ehemann gebührte ein grosses Dankeschön für diese Arbeit, die sie ein Jahr lang für die Lipödem SHG ehrenamtlich gemacht hatten. Trotzdem war es für mich in Zukunft einfacher, die Neuigkeiten jederzeit selbst zu aktualisieren.

# EIN WEITERER SCHRITT

In der Stellungnahme des BAG war ersichtlich, dass die Vertrauensärzte eine weitere wichtige Instanz waren. Sie beurteilten in Streit-
fällen, ob eine konservative oder invasive Behandlung bezahlt wurde
oder nicht. So wendete ich mich an die Schweizerische Gesellschaft
der Vertrauensärzte. Es war Sonntag und ich hatte zwei intensive,
jedoch sehr interessante Schultage zum Thema Psychopathologie
hinter mir. Da fühlte sich das Schreiben an diese Instanz an, als hätte
ich Ferien.

# E-MAIL AN DIE SCHWEIZERISCHE GESELLSCHAFT DER VERTRAUENSÄRZTE

Nachdem ich mich vorgestellt hatte, beschrieb ich kurz meine persönliche Geschichte und die Anliegen von allen Betroffenen: Krankenkassen, welche die Kosten für die konservativen und invasiven Behandlungen nicht übernehmen wollten. Ärzte, die das Lipödem mit Adipositas verwechselten. Ärzte, die uns rieten, weniger zu essen und mehr Sport zu treiben, um uns Frauen mundtot zu machen. Andere, die uns nicht an die Spezialisten weiterleiten wollten. Das Unverständnis und die Gleichgültigkeit, die uns Betroffenen entgegengebracht wurden. Die negativen Folgen für den Patienten und die hohen Kosten, die entstehen durch die nicht korrekten oder gar ausbleibenden Therapien. Mein laufender Prozess mit meinem Rechtsschutz gegen die Krankenkasse usw. Es wurde eine lange E-Mail. Ich erläuterte auch einige Sätze aus der schriftlichen Stellungnahme des BAG. Die E-Mail beendete ich mit den Worten: »Ein persönliches Gespräch mit Ihnen würde ich sehr begrüssen. Ich freue mich auf eine baldige Antwort. Mit freundlichen Grüssen Heidi Schmid.«

Die Antwort kam prompt. Meine E-Mail an die Schweizerische Gesellschaft der Vertrauensärzte schickte ich an diesem Sonntag um 14.31 Uhr ab. Um 15.17 Uhr kam bereits eine Antwort. Ich war sehr erstaunt und freute mich gleichzeitig. Er habe meinen Brief mit Interesse gelesen und sei selbstverständlich bereit, mit mir ein persönliches Gespräch zu führen. Wenn es mir möglich wäre, gleich im März, schrieb der Verfasser der E-Mail. Das liess ich mir nicht zweimal sagen. Ich teilte dem Herrn ein paar Terminvorschläge mit und bedankte mich für seine schnelle und positive Rückmeldung. Ein Satz in seinem Schreiben irritierte mich etwas. Es stand »dass die Vertrauensärzte nur eine Empfehlung abgeben, die Krankenkassen dann jedoch frei wären in ihren Entscheidungen.« Spielten die etwa Katze – Maus mit uns? Das BAG gibt den Ball an die Vertrauensärzte. Die Vertrauensärzte an die Krankenkassen, diese wiederum an die diagnostizierenden Ärzte. Fehlt nur noch, dass die Patienten selbst schuld sind, weil sie die Symptome nicht klar definieren. Katze - Maus, ohne mich.

# STELLUNGNAHME DES BUNDESAMTES FÜR GESUNDHEIT SCHWEIZ (BAG)

Ich bekam am 18. Februar 2014 via E-Mail die Erlaubnis, die Stellungnahme auf meine Fragen nicht als persönliches, mit Namen, sondern als Stellungnahme des BAG in diesem Buch zu veröffentlichen. Meine Fragen an das BAG waren folgende:

**Weshalb ist die Krankheit Lipödem nicht im Leistungskatalog der Krankenkassen aufgeführt? Wie kann dies nachgeholt werden, damit in Zukunft konservative und invasive Behandlungen von der Krankenkasse bezahlt werden?**

Schriftliche Antwort des BAG: »Die obligatorische Krankenpflegeversicherung nach KVG kennt keine Liste von Krankheiten, die definiert, welche Leistungen bezahlt bzw. nicht bezahlt werden. Vielmehr gilt der Grundsatz, dass eine Krankheit im Sinne von Artikel 3* des Bundesgesetzes über den Allgemeinen Teil des Sozialversicherungsrechts (ATSG*) vorliegen muss. Auch für die Leistungen der Ärzte und Ärztinnen gibt es keine abschliessende Liste der Leistungen, die bezahlt werden. Es gilt vielmehr das Vertrauensprinzip in Verbindung mit einer Liste von Ausnahmen. Anhang 1** der Krankenpflege-Leistungsverordnung (KLV**) nennt die Leistungen, die in Abweichung vom »Vertrauensprinzip« nach Prüfung der Wirksamkeit, Zweckmässigkeit und Wirtschaftlichkeit, unter bestimmten Voraussetzungen bezahlt oder nicht bezahlt werden. Solange die Wirksamkeit, Zweckmässigkeit und Wirtschaftlichkeit einer ärztlichen Leistung bzw. einer Behandlungsmethode nicht bestritten wird, gilt sie grundsätzlich als Pflichtleistung, sofern im Einzelfall eine behandlungsbedürftige Krankheit vorliegt (siehe Artikel 3 ATSG*). Zur Liposuktion ist in Anhang 1 KLV** nicht vermerkt, dass deren Kosten nicht übernommen würden, somit werden die Kosten grundsätzlich übernommen. Es handelt sich aber um eine chirurgische Massnahme, die sowohl im ästhetisch-chirurgischen Kontext als auch im Kontext der Krankheitsbehandlung zum Einsatz kommt. Bei solchen chirurgischen Massnahmen ist es jeweils die Aufgabe der Vertrauensärzte der Versicherer, im Einzelfall vor der Behandlung festzustellen, ob eine Veränderung mit Krankheitswert vorliegt. Wird der Krankheitswert bejaht, sollten die Leistungen übernommen werden. Das BAG rät Betroffenen, sich an einen Arzt zu wenden, der die verschiedenen medizinisch-chirurgischen Verfahren gut kennt und auch mit der Praxis der Krankenversicherer in der Kostenübernahme in solchen Fällen vertraut ist (z.B. an den Präsidenten der Lipödem Liga Schweiz) und *vor* dem Eingriff Kontakt mit dem Krankenversicherer aufzunehmen. Sollten für spezifische Leistungen und Methoden in Zusammenhang mit der Behandlung des Lipödems gehäuft ungeklärte Fragen der Vergütung bestehen, wäre der nächste Schritt deren Klärung im Kontext unserer Antragsverfahren. Der erste Schritt darin besteht im Ausfüllen des »Meldeformulars« (Formular »Meldung einer neuen Leistung oder eines neuen Produkts auf Prüfung der Leistungspflicht der obligatorischen Krankenpflegeversicherung«)

*Art. 3 Krankheit (ATSG)
Krankheit ist jede Beeinträchtigung der körperlichen, geistigen oder psychischen Gesundheit, die nicht Folge eines Unfalles ist und die eine medizinische Untersuchung oder Behandlung erfordert oder eine Arbeitsunfähigkeit zur Folge hat. 1 unter:

admin.ch/opc/de/classified-compilation/20002163/index.html (abgerufen 17.05.2024)

**1. Abschnitt: Vergütungspflicht**

Art. 11
Der Anhang 1 bezeichnet diejenigen Leistungen, die nach Artikel 33 Buchstaben a und c KVV von der Leistungs- und Grundsatzkommission geprüft wurden und deren Kosten von der obligatorischen Krankenpflegeversicherung (Versicherung):

a.
übernommen werden;

b.
nur unter bestimmten Voraussetzungen übernommen werden;

c.
nicht übernommen werden.

**Anhang 1 (KLV)**

(Art. 1)
Vergütungspflicht der obligatorischen Krankenpflegeversicherung für bestimmte ärztliche Leistungen. Einleitende Bemerkungen. Dieser Anhang stützt sich auf Artikel 1 der Krankenpflege-Leistungsverordnung. Er enthält keine abschliessende Aufzählung der ärztlichen Pflicht- oder Nichtpflichtleistungen.

Er enthält:
~ Leistungen, deren Wirksamkeit, Zweckmässigkeit oder Wirtschaftlichkeit durch die Leistungs- und Grundsatzkommission geprüft wurde und deren Kosten demgemäss übernommen,

allenfalls nur unter bestimmten Voraussetzungen übernommen oder gar nicht übernommen werden;

~ Leistungen, deren Wirksamkeit, Zweckmässigkeit oder Wirtschaftlichkeit noch abgeklärt wird, für die jedoch die Kosten unter bestimmten Voraussetzungen und in einem festgelegten Umfang übernommen werden;

~ besonders kostspielige oder schwierige Leistungen, die von der obligatorischen Krankenpflegeversicherung nur vergütet werden, wenn sie von hierfür qualifizierten Leistungserbringern durchgeführt werden.«

unter: www.admin.ch/opc/de/classified-compilation/19950275/index.html (abgerufen 17.05.2024)

*18. Februar 2014. Ich bedankte mich freundlich beim BAG für die Stellungnahme auf meine Fragen.*

# DIE GESCHICHTE VON ANDREA

Andrea (52) und ich trafen uns im Restaurant eines nahegelegenen Einkaufcenters. Freundlich lächelnd kam sie auf mich zu. Sie machte auf mich einen offenen, liebenswerten Eindruck, zugleich strahlte sie eine angenehme Ruhe und Gelassenheit aus. Wir kannten uns bereits von früheren Treffen im Zusammenhang mit der Lipödem-Selbsthilfegruppe. Wir suchten uns einen Tisch in einer ruhigen Ecke. Schnell kamen wir ins Gespräch über ihre Erfahrungen, die sie mit dem Lipödem gemacht hatte. Sie erzählte mir, dass sie schon als Teenager immer etwas stämmigere Beine hatte als andere Frauen. Mit 21 Jahren war sie das erste Mal schwanger. Es folgten weitere drei Schwangerschaften. Nach der dritten bemerkte sie, dass ihre Beine immer dicker wurden. Gleichzeitig veränderte sich das Gewebe. Im Gegensatz zu den Oberschenkeln waren ihre Taille und ihr Ober-körper auffallend schmal. Sie bekam Knoten unter der Haut, die sie deutlich ertasten konnte und die sehr druckempfindlich waren. Zu dieser Zeit fühlten sich ihre Beine sehr schwer an. Treppensteigen wurde immer schwieriger, wandern schlichtweg nicht mehr möglich. Es fühlte sich an, als würden Bleiklötze an ihren Füssen hängen, er-klärte Andrea weiter. Am Anfang waren vor allem ihre Oberschenkel betroffen, später weitete sich das Lipödem auf die Unterschenkel und das Gesäss aus. Im Jahre 1986 zeigte sie ihre Beine zum ersten Mal ihrem Hausarzt. Er erklärte ihr, dass es sich um eine Cellulite handle, die man mit einer speziellen Massage, die helfen sollte, das Gewebe besser zu durchbluten, behandeln könne. Nach dieser Cel-lulite Behandlung seien ihre Beine vor lauter Blutergüssen schwarz gewesen, erzählte mir Andrea und ich spürte, dies bewegte sie noch heute. Später probierte ihr Hausarzt eine weitere Methode bei ihr aus. Durch dosierten Strom wurden feine Muskelkontraktionen ausgelöst, um die Durchblutung anzukurbeln und die Haut zu glätten. Doch auch das half nichts. Einmal wurde sie in einer Klinik untersucht und dabei diagnostizierte ihr ein Arzt Raucherbeine. Zurück beim Hausarzt stellte dieser wiederum ein belastetes Venensystem fest. Ihr damaliger Ehemann war ihr keine Stütze. Er konnte ihre veränderte Figur nie akzeptieren. Das tat weh und ihr Selbstbewusstsein sei immer tiefer in den Keller gerutscht, erzählte Andrea weiter. So quälte sie sich durch viele Diäten, denn sie wollte ihm gefallen. Das Fett schmolz leider nur an Gesicht und Brust. An Gesäss und Beinen blieb es hängen, was für ein Lipödem typisch ist. Ein Teufelskreis begann. Nach und nach habe sie ihre innere Leere mit Essen aufgefüllt, sagte Andrea nachdenklich. Es vergingen mehr als zehn Jahre, bis sie einen Spezialisten aufsuchte, der ihre dicken Oberschenkel mittels einer Liposuktion absaugte. Sie fühlte sich von ihm zwar nicht verstanden, denn auch er empfahl ihr eine Diät und erkannte die Krankheit nicht, dennoch liess sie den Eingriff über sich ergehen. Ihre Verzweiflung war zu gross, um länger abzuwarten. Das Lipödem war jedoch nicht zu stoppen. Die Schmerzen waren nach wie vor da und langsam breitete sich die unheilbare Krankheit auf die ganzen Beine und das Gesäss aus. Erst im Jahre 2008 diagnostizierte ihr ein Phlebologe (Gefässspezialist) ein Lipödem im fortgeschrittenen Stadium zwei bis drei. Er empfahl ihr, in der Hanseklinik in Lübeck (D) eine Liposuktion durchführen zu lassen. Sie hatte bereits den Termin in der Tasche und war bereit, alle Kosten selbst zu tragen, als sie überraschend doch noch einen Arzt in der Schweiz fand, der sie ernst nahm und bereit war, sie zu behandeln. Daher entschied sie sich, die Behandlung in der Schweiz durchführen zu lassen. Danach ging es Schlag auf Schlag. Jedes halbe Jahr hatte sie eine Liposuktion, insgesamt fünf Eingriffe. Sämtliche an den Beinen und dem Gesäss. Alles in allem wurden ihr achtzehn Liter Fett entfernt.

Eine beträchtliche Menge! Ich hatte früher oft wunde Stellen an den Beinen oder bekam Schmierölflecken an den Hosen vom Fahrradfahren, weil die dicken Beine das Kettenrad streiften, sagte Andrea ohne jegliche Gefühlsregung. Heute ist sie wieder beweglicher, sie trainiert wöchentlich auf dem Trampolin und erfreut sich an den schönen Dingen des Lebens. Der letzte Eingriff brachte einige Komplikationen mit sich, von denen sie sich erst nach vielen Monaten wieder erholte. Trotz der widrigen Umstände und des schweren Schicksalsschlags, den sie zusätzlich verkraften musste, war keinerlei Verbitterung in ihrem Gesichtsausdruck zu erkennen. Eine starke Frau. Andrea erzählte mir, dass ihr der Glaube an Gott und Jesus sehr geholfen habe. Sie wüsste sonst nicht, wo sie wäre, sagte Andrea nachdenklich. Als ich sie fragte, wie sie zum jetzigen Zeitpunkt mit ihrer Krankheit lebe, sagte sie, sie sei gelassener geworden. Vielleicht habe das mit ihrem Alter zu tun. Sie müsse nicht mehr konkurrieren wie mit zwanzig. Sie hat aber auch das Gefühl, von all den Kämpfen um Anerkennung der Krankheit und all den Eingriffen müde geworden zu sein. Früher habe sie gekämpft, heute sei sie sich nicht sicher, wann und ob sie einen weiteren Eingriff machen lassen würde, obwohl sich ihre Lebensqualität durch die Operationen massiv verbessert hatte. Die krankhaften Fettansammlungen waren zum Zeitpunkt unseres Treffens auch deutlich an ihren Armen sicht- und spürbar. Ihre Hände und die Hälfte der Unterarme wirken sehr filigran, fast schon zerbrechlich im Gegensatz zum restlichen Körper. Es wirkte auf mich, als verberge sich hinter der krankhaften Fettschicht eine zierliche Frau. Das war mir schon bei einigen vom Lipödem betroffenen Frauen aufgefallen. Man konnte sehr gut erkennen, an welchen Stellen der Arme oder Beine das Lipödem sich langsam, aber sicher ausbreitete. Andrea erzählte weiter, dass sich nun auch im Nacken ein sogenannter Stiernacken (Fettwulst) entwickelte und auch am Rücken finde sie deutliche Anzeichen des Lipödems. »Ich kann doch nicht mein ganzes Leben lang immer wieder irgendwo Fett absaugen lassen?« Dann sagte sie etwas leiser und wirkte dabei nachdenklich, eigentlich sei ihr ganzer Körper ein einziges Lipödem. Andrea geht heute Situationen, die ihr nicht guttun, aus dem Weg. Man trifft sie nicht im Schwimmbad an und sie trägt kaschierende Kleidung, um den bohrenden Blicken auszuweichen. Andrea erzählte mir, wie sie sich darüber freute, nach den ersten Operationen wieder eine Katze oder ein Kind auf den Schoss zu nehmen, ohne starke Schmerzen zu verspüren wie früher oder, dass sie sich nicht mehr überlegen musste, wie sie die nächsten fünfzig Meter zu Fuss überwinden konnte. Sie funktionierte wieder! Ihren Beruf als Lehrerin konnte sie all die Jahre trotz dieser Krankheit weiterhin ausüben. Grosses Verständnis durfte Andrea von Anfang an von ihren Arbeitskollegen/innen erfahren, worüber sie sehr dankbar war. Einen grossen Wunsch hatte Andrea: Die Früherkennung mit anschliessender Behandlung des Lipödems müsse gefördert werden, damit anderen Betroffenen das Spiessrutenlaufen erspart bleibt. Das Lipödem soll von den Krankenkassen endlich als Krankheit akzeptiert werden, damit auch die Kosten für die konservative Behandlung und die Liposuktion beim Lipödem übernommen werden. Das Leid sollte nicht durch diese hohen Kosten noch vergrössert werden. Wie recht sie hat. Nach zwei Stunden sehr interessantem Gespräch verabschiedeten wir uns, um jeder für sich wieder den Alltagspflichten nachzugehen.

*Vielen Dank, Andrea, für deine Offenheit. (Andrea aus dem Rheintal, Februar 2014)*

# FRAGEN AN DIE ÄRZTLICHE LEITUNG DER LYMPHAKADEMIE DEUTSCHLAND, HERRN DR. MED. C. SCHUCHHARDT.

**Ist das Lipödem bei den Krankenkassen in Deutschland als Krankheit im Leistungskatalog aufgeführt?**

Nein, das Lipödem ist nicht im Leistungskatalog aufgeführt. Das Problem besteht auch darin, dass das Lipödem auch nicht in der ICD-Kodierung (Abrechnungscode) aufgenommen ist.

**Werden die Kosten für die ambulante, konservative Behandlung beim Lipödem von den Krankenkassen anstandslos übernommen und wie sieht es bei einer stationären, konservativen Behandlung aus?**

Nein, die ambulante Behandlung in Form der KPE (Komplexe Physikalische Entstauungstherapie) wird von den Ärzten nur sehr ungern verordnet. Da die Kosten sehr rasch das einzuhaltende Budget überschreiten, auch wird befürchtet, in einen Regress zu geraten. In mühsamen Verhandlungen kann in Einzelfällen eine Verordnung »ausserhalb des Regelfalles« als sogenannte «Langzeitgenehmigung» der Krankenkasse erreicht werden. Auch für eine stationäre Behandlung bedarf es einer einzelnen Genehmigung, welche nur sehr umständlich erteilt wird. (Voruntersuchungen beim medizinischen Dienst der Krankenkassen, Nachweis von erreichten Gewichtsreduktionen, Teilnahme an sportlichen Aktivitäten usw.*)

## Ist das Lipödem bei den Hausärzten in Deutschland eine bekannte und häufig gestellte Diagnose?

Sehr häufig wird das Lipödem als »Lymphödem« fehldiagnostiziert. Die Hausärzte verwechseln das Lipödem sehr oft mit ernährungsbedingter Fettsucht. Zurzeit ist das »Lipödem« eine Modediagnose, durch zahlreiche Fernsehberichte, in denen die »Fehlbehandlungen« demonstriert werden. Die richtige Diagnose »Lipödem« wird nur durch spezialisierte Ärzte (Dermatologen, Phlebologen) gestellt und dann auch nur, wenn diese an einer speziellen Weiterbildung in Sachen Lymphologie teilgenommen haben.

## Wie sieht die Situation in Deutschland bei einem invasiven Eingriff (Liposuktion) aus? Wird die Liposuktion von den Krankenkassen auch im chirurgischen Kontext als Behandlungsmethode beim Lipödem akzeptiert oder wird sie als rein ästhetischen Eingriff taxiert?

Einzelne Krankenkassen gewähren inzwischen in Einzelfällen Zuschüsse zu den Kosten der Liposuktion. Eine automatische Kostenübernahme findet nicht statt. Um eine Unterstützung der Krankenkassen zu erreichen, müssen meist auch die unter Punkt 2* genannten Nachweise erbracht werden.

## Wo liegt in Ihren Augen die Ursache, dass Lipödem Patientinnen zu wenig ernst genommen werden?

Die wichtigste Ursache liegt sicher in der Unkenntnis dieses schillernden Krankheitsbildes. Das zweite Problem liegt in der häufigen Überlagerung mit anderen Krankheitsbildern (echtes Lymphödem, ernährungsbedingte Fettsucht). Der dritte Punkt ist die Schwierigkeit der Behandlung und die Führung dieser Patientengruppe (Therapieakzeptanz und Therapietreue), die viele Ärzte, auch mit dem Krankheitsbild vertraute, verzweifeln lässt.

**Wird sich in Zukunft für Lipödem Betroffene in Deutschland etwas verändern oder gar verbessern?**

Ich denke, dass die Liposuktion zunehmend an Terrain gewinnt, weil die langfristigen Ergebnisse einfach besser sind. Nach meiner Erfahrung gelingt es uns nur bei 15- 20 Prozent der Patientinnen, eine notwendige dauerhafte Mitarbeit und auch kosmetisch akzeptable Ergebnisse zu erzielen. Auf die Jahre gesehen ist die Liposuktion wahrscheinlich auch kostengünstiger als die jahrelangen ambulanten Behandlungen, immer wieder unterbrochen von stationären Behandlungen. Diesen Zusammenhang beginnen auch die Krankenkassen zu erkennen. Zwischenzeitlich gibt es auch Gerichtsurteile der deutschen Sozialgerichte, die den Anspruch auf eine adäquate Therapie, auch die Liposuktion bestätigen. (Chemnitzer Urteil) vom 01.03.2012 Entscheidnummer -S10KR189/10- abgerufen am 21.04.2024

*Ich bedanke mich herzlich bei Herrn Dr. med. C. Schuchhardt, (ärztlicher Leiter Lymph-Akademie Deutschland) für das Beantworten meiner Fragen. (März 2014)*

# HANNA'S GESCHICHTE

Hanna besuchte mich an diesem Donnerstagmorgen bei mir zu Hause. Bei uns tobte ein Föhnsturm. Die Strassenlampe vor unserer Wohnung schwankte und die Äste an den Bäumen wirbelten wild umher. Hanna kam mir strahlend entgegen. Äusserlich war ihr wie bei vielen Patientinnen auf Anhieb nichts von der Krankheit anzumerken. Sie trug eine Jeans, wie viele andere Frauen auch. Nach einer herzlichen Begrüssung begann sie über ihre persönliche Lipödem-Geschichte zu erzählen, die bereits im jungen Alter von knapp zwanzig Jahren ihren Lauf nahm. Sie wohnte bereits in ihrer eigenen Wohnung. Als sie wieder einmal bei ihren Eltern vorbeischaute, erschrak ihr Vater, als er ihre Beine sah. Er sagte völlig entsetzt und gleichzeitig besorgt, uiii … sind deine Beine dick! »Ich hatte noch nie schlanke Fesseln, aber er hatte recht, meine Beine waren dick geworden«, sagte Hanna. Im Jahre 2002 besuchte sie deswegen das erste Mal ihren Hausarzt im Toggenburg, wo sie damals arbeitete. Ihr Arzt meinte, sie solle Slimline Produkte essen und abnehmen, so Hanna. Ihre Stimme wurde dabei etwas lauter. Ihr Entsetzen über seine ungeschickte Äusserung war nicht zu überhören. Im Frühling 2003 suchte sie erneut einen Arzt in St. Gallen auf. Er überwies sie an einen Venenspezialisten, der meinte, erst müsse sie die Venen operieren und dann Kompressionsstrümpfe tragen. Das war es und es blieb bei diesen Worten. Sechs Monate später liess sie sich Kompressionsstrümpfe vom Hausarzt verschreiben. Sie passten jedoch nicht. Auch bei der zweiten Versorgung seien ihr ständig die Füsse eingeschlafen. »Das war doch kein Zustand«, so Hanna völlig entrüstet über ihre eigene Aussage. »Danach wurde ich in die Angiologie ins Kantonsspital überwiesen. Der zuständige Arzt zeigte mir sogleich Bilder aus einem medizinischen Buch und sagte;« Sie haben eine Lipohypertrophie wie aus dem Lehrbuch. So freute sich wenigstens einer. Anfangs hatte ich Schenkelstrümpfe. Es dauerte vermutlich zwei Jahre, bis ich endlich flachgestrickte Kompressionsstrumpfhosen bekam, die passten. »Das war eine sehr mühsame Zeit«, sagte Hanna sichtlich nachdenklich. Sie bekam Lymphdrainagen verschrieben, die ihre Krankenkasse einmal folgendermassen für sie einteilte. Neun Behandlungen vor dem Sommer und neun Behandlungen nach dem Sommer. Welche Logik dahinter steckte, wusste sie bis zum Zeitpunkt unseres Gespräches nicht. So konnte es nicht weiter gehen. Im Herbst 2008 begab sie sich in eine stationäre Behandlung in die Földi Klinik in Deutschland. Beim Eintritt wog sie mittlerweile 84 Kilogramm. Die regelmässigen Behandlungen in der Klinik mit Lymphdrainagen und Kompressionsbandagen taten ihr gut. Bei der Entlassung bekam sie flachgestrickte Knie- und Capristrümpfe. Weil ihr nur die Unterschenkel schmerzten, trug sie meistens nur den Kniestrumpf. Dadurch verschlechterten sich ihre Oberschenkel, ohne dass sie es bemerkte. Nach dem Klinikaufenthalt hatte sie zehn Kilo an Gewicht verloren. Im Februar 2012 hatte Hanna den nächsten stationären Aufenthalt in der Földiklinik. Damals brachte sie beim Eintritt 80 Kilo auf die Waage. Seit dem letzten Aufenthalt hatten sich die Oberschenkel deutlich verschlechtert. Sie erschrak, als sie ihr die Zahlen von ihren Beinumfängen nannte. Danach bekam sie auf ihr Verlangen eine flachgestrickte Kompressionsstrumpfhose angepasst. Die Kniepartie wurde mit einem speziellen, flexiblen Einsatz (Kniefunktionszone) bestückt. So war sie deutlich beweglicher. Sie verliess die Klinik nun auch noch mit einem beginnenden Lipödem an den Armen. Eines Tages sagte Hanna zu einer Ansprechperson ihrer Krankenkasse, ob sie mit ihr die nächsten fünfzig Jahre streiten müsse. Ihr starker Wille war beinahe greifbar, als sie diesen Satz prägnant formulierte. Nach jahrelangen Kämpfen mit der Krankenkasse hatte sie es schliesslich geschafft, eine Kostengutsprache für jeweils ein Jahr zu erhalten. Das beinhaltete alle zwei Wochen Lymphdrainage und vier flachgestrickte Kompressionsstrumpfhosen im Jahr. »Ich fürchte mich jedes Jahr von Neuem, ob die Kasse ein weiteres Jahr bezahlt und wie viel sie bezahlt«, sagte Hanna. Die Kosten, die sie selbst tragen muss, sind trotz der Unterstützung der Krankenkasse hoch und zwingen sie zu vielen Einschränkungen im Alltag. So schaffte sie sich eine eigene kleine Waschmaschine an, damit sie mit ihren unregelmässigen Arbeitszeiten ihre Strümpfe täglich waschen konnte. Trotz aller Widrigkeiten schien Hanna fröhlich und positiv in die Zukunft zu blicken. Mit ihren 35 Jahren schien sie mir nach aussen sehr gewandt und stark. Ihre sensible und verletzliche Seite versteckte sie gekonnt. Sie erzählte weiter. Nach einem Földi-Aufenthalt fühlte sie sich jeweils sehr erschöpft. Nach dem zweiten Aufenthalt fiel sie in eine schwere Erschöpfung, physisch und psychisch. Starke Kopfschmerzen plagten sie fast täglich. Die Trennung von ihrem damaligen Lebenspartner, die Angst um ihren Job, alles wurde ihr zu viel. Hanna befand sich in einer schweren Lebenskrise. Nach der Trennung brauchte sie dringend eine kleinere und günstigere Wohnung. Die Suche gestaltete sich schwieriger als erwartet. Sie konnte nicht mehr schlafen, mochte nichts mehr essen. Manche Gerüche brachten sie zum Erbrechen. Im August 2012 wurde sie von ihrem Hausarzt zum ersten Mal krankgeschrieben. Der Wohnungsumzug stand im September an. Sie ging wieder arbeiten und packte ihre Sachen für den Umzug. Sie funktionierte, irgendwie. Anfang November 2012 wurde sie für fünf Monate krankgeschrieben, Diagnose, Burnout. Dennoch bestrumpfte sie ihre Beine täglich. Sie bemerkte jedoch erst im Frühling 2013, dass sich ihre Figur stark verändert hatte. Sie hatte damals insgesamt fünfzehn Kilogramm abgenommen. In den letzten zwei Jahren hatte sie ihr Leben komplett umgekrempelt. »Durch die vorherige Partnerschaft war ich sehr träge geworden«, sagt Hanna von sich selbst. Sie begann sich wieder regelmässig zu bewegen und bewusster zu essen. Sie empfand die Hitze im Sommer plötzlich viel erträglicher. Ihr aktuelles Gewicht betrug sechzig Kilogramm. Die Kompressionsbekleidung trug sie täglich, ohne dass sie sich stark eingeschränkt fühlte. »Ich pflege meine Haut an den Beinen gut, damit sie durch die ständige Kompression nicht geschädigt wird. Da ich auf vieles allergisch reagiere, brauche ich spezielle Wasch- und Pflegemittel für Haut, Haar, Strümpfe und andere Bekleidung, das geht ans Portemonnaie«, so Hanna. »Die Angst, dass mein Gewicht wieder höher wird, liegt mir ständig im Nacken«, erzählt Hanna weiter und wirkte dabei sehr ernst. Sie hatte sich ein paar Tage zuvor eine weitere flachgestrickte Kompressionsstrumpfhose anpassen lassen. Bei der Messung wurde festgestellt, dass ihr Beinumfang um einen bis eineinhalb Zentimeter zugenommen hatte. Sie war sehr geschockt und verbot sich selbst ab sofort sämtliche Süssigkeiten. »Es animierte mich, mich mehr zu bewegen und bewusster zu essen«, sagt sie. Es liege viel an ihrer Einstellung, fand Hanna ebenso. Sie hatte wieder einen guten Schlaf, schaffte gar den Fernseher ab und bewegte sich viel an der frischen Luft. Viel Schlaf trägt fühlbar zu ihrem Wohlbefinden bei. Dann sagte Hanna bestimmt, es geht ihr so weit gut. »Ich habe ein Hörgerät, eine Brille und eine Kompressionsbestrumpfung. Ich habe viel gelernt, ich kann mich besser durchsetzen und durfte auch viel Lustiges und Schönes erleben. Nur meine immensen Gesundheitskosten belasten mich, ohne die Hilfe meiner Eltern würde ich das nicht schaffen.« Hanna freute sich mittlerweile über andere Dinge im Leben, wie das Lesen eines guten Buches auf einer Bank bei den Weihern oberhalb der Stadt. So glaubte sie, langsam in ihr Schicksal hinein gewachsen zu sein. Doch der wiederkehrende Schatten näherte sich bereits in kleinen Schritten. Im Herbst 2014 wurde von ihrer Krankenkasse erneut überprüft und anschliessend entschieden, ob und was weiterhin bezahlt wird. Zum Schluss dieses Interviews fügte Hanna nachdenklich hinzu, dass sie vielleicht lernen musste, durch diese Krankheit besser auf sich zu schauen. *Vielen Dank, Hanna, für deine offenen Worte. (Hanna (35) aus St. Gallen, Februar 2014)*

# TRAKTANDEN FÜR DIE ANSTEHENDE VORSTANDSSITZUNG

Heute waren Lena und ich damit beschäftigt, die Traktanden für die Vorstandssitzung zusammenzustellen. Zuvor machte sich jeder für sich Gedanken zum Thema, die sich interessanterweise sehr ähnlich waren. Für die neue Homepage hatte mein Sohn für uns mehrere verschiedene Logos vorbereitet. Nach kurzem Drehen und Wenden trafen Lena und ich die Vorentscheidung. Zwei Logos kamen in die engere Wahl. Es zeigte sich einmal mehr, wir harmonierten. Somit stand einer guten Zusammenarbeit im Verein Lipödem Schweiz nichts mehr im Wege. Noch am selben Abend sendete ich die E-Mails an die Vorstandsmitglieder, damit sie sich auf die Sitzung, die am 16. März in St. Gallen stattfinden würde, gut vorbereiten konnten.

# FRAGEN AN DIE SELBSTHILFEORGANISATION LIPÖDEM HILFE E.V. DEUTSCHLAND

Vor einigen Wochen sendete ich eine E-Mail an Marion Tehler vom Verein Lipödem Hilfe e.V. in Deutschland. Sie ist die 1. Vorsitzende und Gründungsmitglied des Vereines. Auf meine Bitte hin, mir auf folgende Fragen Antworten zu geben, um diese in meinem Buch zu veröffentlichen, schrieb sie mir kurze Zeit später zurück. Sie meinte: »Natürlich bin ich bereit, deine Fragen zu beantworten, so weit ich kann.« Es war mir wichtig, auch die Sicht unserer Nachbarn aus Deutschland aufzuzeigen. Schliesslich besuchte ich sie noch im Mai dieses Jahres an der Lipödem-Fachtagung in Hannover. Bevor Marion Tehler meine Fragen beantwortete, stellte sie richtig, dass sie keine Selbsthilfegruppe im eigentlichen Sinne sind, sondern eine Selbsthilfeorganisation. Eine eingetragene Non-Profit-Organisation, die sich für die vom Lipödem betroffenen Frauen in ganz Deutschland einsetzt. Aktuell bestand der Verein aus 162 Mitgliedern. »Wir beraten schriftlich und telefonisch und wir setzen uns für unsere Mitglieder ein, wenn es um Probleme mit den Krankenkassen geht«, so M. Tehler. »Der Verein wurde im Februar 2011 ins Leben gerufen und ist seit dem 10. März 2011 offiziell im Vereinsregister eingetragen. In Deutschland gab es bis zu diesem Zeitpunkt lediglich einige wenige Lipödem-Selbsthilfegruppen, von denen wir damals keine Kenntnis hatten. Heute gibt es ein paar mehr. Leider haben sich einige Gruppen bereits wieder aufgelöst. Die Lipödem-Selbsthilfegruppen sind nicht unserem Verein zugeordnet. Wir helfen jedoch bei Bedarf gerne. Bei uns läuft fast alles online ab.« So viel zum Verein Lipödem e.V. Deutschland (Stand Frühling 2014)

Ich habe Marion Tehler folgende Fragen gestellt:

**Wie beurteilst du die Lage in Deutschland in Bezug auf das Lipödem, z.B. die Kostenübernahme der Krankenkassen für die konservativen und invasiven Behandlungen?**
Das Lipödem ist weit verbreitet. Man vermutet, dass in Deutschland jede zehnte Frau davon betroffen ist. Wir schätzen die Dunkelziffer jedoch deutlich höher ein. Es gibt in Deutschland keinen eigenen ICD 10-Schlüssel (Abrechnungsschlüssel) für diese Krankheit. Es wird unter R 60.9 (Ödem, anderenorts nicht näher bezeichnet) abgerechnet.

**Inwieweit wird das Lipödem in Deutschland von den Ärzten akzeptiert bzw. ernst genommen?**
Es bedarf noch viel Aufklärungsarbeit. Das Lipödem ist nach wie vor ein Stiefkind in der Medizin. Die Lymphologie wird im Studium nur am Rande thematisiert. Dem zufolge gibt es nur wenige Ärzte, die sich in Bezug auf das Lipödem weitergebildet haben. Häufig haben Betroffene eine regelrechte Odyssee an »Ärztelauferei« hinter sich, bevor sie die Diagnose Lipödem bekommen. Zuvor wird den Betroffenen immer wieder gesagt, sie sollen weniger Essen und mehr Sport treiben, dann würde das schon wieder werden. Das Lipödem wird häufig mit Adipositas verwechselt. Auf die vorhandenen Schmerzen, die bei einer Adipositas definitiv nicht vorhanden sind, wird nicht eingegangen. Selbst wenn man sich an einen Arzt wendet, der sich mit der Krankheit auskennt, heisst das noch lange nicht, dass man ausreichend versorgt und behandelt wird.

Oftmals verschreiben die Diagnosesteller nur einmalig die manuelle Lymphdrainage und eine Kompressionsversorgung, alles Weitere soll dann der Hausarzt richten. Der wiederum traut sich nicht, aus Budgetgründen und eventuell folgenden Regressionsansprüchen der Krankenkassen, die Behandlung regelmäßig weiter zu verordnen. In Deutschland hat man aktuell laut Gesetz alle sechs Monate Anspruch auf eine Kompressionsversorgung. Bei der Erstversorgung darf aus hygienischen Gründen eine zweite beantragt werden, bei Folgeversorgungen nicht. Bei den manuellen Lymphdrainagen kann man seit kurzem eine Langfristverordnung beantragen. Diese gilt dann für mindestens ein Jahr. Das kann vom Patienten selbst beantragt werden und wird meistens genehmigt. Das entlastet die Patientinnen finanziell. Was die invasive Therapie (Liposuktion) betrifft, haben wir in Deutschland mit der Kostenübernahme durch die Krankenkassen enorme Probleme. Es gibt zwei Möglichkeiten für diese Behandlungsmethode. Die Ambulante und die Stationäre. Bei der stationären Variante hätte man eigentlich sehr wohl das Recht, zulasten der gesetzlichen Krankenversicherung GKV den Eingriff durchführen zu lassen. Ambulant ist es aufgrund der derzeitigen Rechtsprechung und Gesetzeslage unmöglich. Die Liposuktion ist hierzulande nicht im Leistungskatalog der Krankenkassen aufgeführt. Die Gesetzeslage ist sehr schwierig, ja gar »schwammig«. Somit legen die Krankenkassen das geltende Recht bzw. die Gesetze gerade so aus, wie es ihnen gefällt. Kurz um, die Krankenkassen lehnen im Moment alles, was mit der Liposuktion beim Lipödem angeht, ab. Da die Krankheit fortschreitet, hilft die konservative Therapie mit Lymphdrainage und Kompressionsbekleidung nur kurzzeitig, wenn überhaupt. Kleine Anmerkung: In Österreich ist die Liposuktion beim Lipödem seit 2012 im Leistungskatalog integriert.

*Liebe Marion, ich bedanke mich herzlich bei dir für deine aufschluss-reichen Antworten. (Marion Tehler, Initiantin des Vereins Lipödem e.V. Deutschland Frühling 2014)*

# INTERVIEW MIT EINER PSYCHOLOGIN AUS CHUR

Frau Christina Casanova war sofort bereit, mir ein paar Fragen zum Thema »Psychotherapie bei Lipödem Patienten« zu beantworten. Das Interview fand telefonisch statt. Die renommierte Psychotherapeutin aus Chur war mit dem Thema vertraut, das spürte ich schon nach wenigen Sätzen. Es ist bis heute keine Seltenheit, dass Lipödembetroffene psychotherapeutische Hilfe beanspruchen. Interessant fand ich, dass die Krankenkassen dies bezahlten, ohne genauer hinzuschauen. Würden die Betroffenen von Anfang an ernst genommen und adäquat behandelt, könnte so manche Psychotherapien eingespart werden. Aus eigener Erfahrung kann ich sagen, dass ich ein grosses Problem damit hatte, als sich mein Körper in schnellem Tempo und ohne Vorwarnung veränderte. Dies, ohne dass ich mein Verhalten geändert hatte. Ich nahm innert wenigen Wochen an den Beinumfängen drastisch zu. Das war sehr beängstigend. Mir war bewusst, dass es unmöglich war, mit dem, was ich täglich ass und trank, soviel in kurzer Zeit zuzunehmen. Um ein Kilogramm Körperfett zuzunehmen, müsste man 7500 kcal mehr zu sich nehmen. Wenn ich mir vorstelle, wie viel ich hätte essen müssen, um in fünf Wochen sechs Kilo zuzulegen, wird mir übel. Ich nahm damals ebenfalls eine Psychotherapie in Anspruch. Das half mir enorm, wieder zu lernen, meinem Körper zu vertrauen. Vor meiner Liposuktion und der konservativen Behandlung konnte ich spüren und beinahe zusehen, wie sich die Beine im Verlaufe des Tages verdickten. Die

Hosenbeine spannten bereits am Mittag. Am Morgen sassen sie noch lose. Mit der Zeit erholten sich die Beine immer weniger über Nacht und dies, obwohl ich sie hochlagerte. Das durch die krankhaften Fettansammlungen gestaute Wasser verteilte sich immer weiter aufwärts in meinem Körper. Als mir eine Bekannte auf der Strasse sagte: »Schön, dir geht es gut, du hast etwas zugenommen, das lässt dich jünger aussehen«, war das bestimmt als Kompliment gemeint. Ich wusste jedoch, mein jünger wirkendes Gesicht war praller, weil sich mittlerweile auch darin Wasser befand. Die körperlichen Veränderungen waren unheimlich. Die Ärmel meiner T-Shirts spannten an einem Tag mehr, am nächsten Tag wieder weniger. Meine Genitalien waren dick geschwollen. Ich traute mich damals nicht, mich einem Arzt anzuvertrauen, geschweige denn die betroffenen Stellen zu zeigen. Ich fühlte mich sehr allein mit diesen eigenartigen Symptomen. Meine Familie war mir eine grosse Stütze in dieser schwierigen Zeit. Sie sahen meine körperlichen Veränderungen, sie wussten, dass ich nicht selbst schuld war. Dafür kannten sie mich zu gut. Ihnen war von Anfang an klar, es handelte sich um eine Krankheit. Eine verkannte Krankheit.

Folgende Fragen stellte ich an Frau Casanova:

**Ist das Lipödem eine Krankheit, die als gängiges Gesellschaftsthema gilt?**

Ganz und gar nicht. Im Gegenteil, das Lipödem wird von den Betroffenen selbst unter den Kleidern so gut wie möglich versteckt. Sogar unter dem gleichen Geschlecht wird das Thema totgeschwiegen. Die gemeinsamen Hobbys wie Schwimmen, Turnverein usw. werden gemieden, um eventuellen Fragen und Blicken auszuweichen. Das hat auch mit den allgemein geltenden Schönheitsidealen zu tun. Schon das griechische Schönheitsideal beschreibt die Frau als Wesen mit Gazellenbeinen und langem Hals. Es gibt auch keine Lobby, geschweige denn professionelle Beratungsstellen, die der Allgemeinheit bekannt sind wie bei anderen Erkrankungen z.B. Rheuma, Krebs usw. Viele Lipödem Betroffene geraten in psychische Not, weil die Gesellschaft die Krankheit nicht thematisiert oder gar als ästhetisches Problem abtut. Viele resignieren, weil sie komplett auf sich selbst gestellt sind und häufig erfolglos mit Diäten und Sport dagegen ankämpfen. Der verschweigende Umgang mit dem Thema kann auch in den engeren Kreisen der Familie über Generationen beträchtlichen Schaden anrichten, indem die Kinder die Resignation, den tiefen Selbstwert oder die Opferhaltung ihrer Mutter in ihrem eigenen Leben weiterleben. Teils ist es aber auch umgekehrt, sodass die Nachkommen sehr resilient oder kämpferisch durch ihr Leben gehen, um auf keinen Fall wie ihre Mutter leiden zu müssen. Der eigene Körper wird von Betroffenen häufig nicht mehr oder nur ungern im Spiegel angesehen. Kinder leiden darunter, dass die Mutter nicht mehr mit ihnen in ein Schwimmbad geht und können so zu Aussenseitern werden. Auch das Eheleben kann sich durch das nicht Akzeptieren des eigenen Körpers schwierig gestalten. Dadurch, dass zu wenig Informationen über die Krankheit vorhanden sind, rutschen viele Frauen in eine Opferdepression. Das Wissen über das Leiden kann die eigenen Kräfte mobilisieren und dadurch, dass die Krankheit einen Namen hat, freisetzen.

**Welche Themen werden in einer Therapie bei Klienten mit einem Lipödem angegangen?**

Das Lipödem ist in der Therapie ein Leiden, wie ein anderes auch. Es ist nicht etwas, vor dem man die Augen schliessen muss. Es gilt hinzusehen, das ist ein wichtiger, tragender Schritt der psychotherapeutischen Arbeit, denn Schuldgefühle sind ein grosses Thema. Meist wurden den Betroffenen von der Gesellschaft, den Ärzten, Homöopathen eingeredet, sie würden zu viel oder falsch essen oder gar zu wenig Sport treiben. Quasi hätten sie etwas falsch gemacht in ihrem Leben. Die Betroffenen lernen in der Psychotherapie, nicht mehr alles an sich heranzulassen, sich zu distanzieren von teils gut gemeinten und dennoch fehlschlagenden Ratschlägen. Die Stärkung des eigenen Ichs ist ein zentrales Thema der Betroffenen. Wir sind eine Gesellschaft, in der es fast keine Verlierer gibt. Man kann alles erwerben. Eine schiefe Nase biegt man gerade, den Busen passt man dem neusten Trend an. Schon als Kind wird man zum Logopäden oder Psychologen geschickt, um nicht anders zu sein oder gar negativ aufzufallen. Anders sein hat fast keinen Platz mehr in unserer Gesellschaft. So gesehen hilft die Psychotherapie, mit einem Lipödem zufrieden leben zu können.

**Wann wenden sich Lipödembetroffene an eine/n Psychologen/in?**
Meist erst in einem späteren Stadium der Krankheit und auch nicht spezifisch wegen der Erkrankung, sondern wegen Schuldgefühlen, Wertlosigkeit oder aus Hilflosigkeit. Da die Krankheit Lipödem nicht heilbar ist, also etwas ist, das im Leben einer Betroffenen bestehen bleibt, gilt es den Umgang mit dieser Krankheit zu lernen. Lipödem darf kein Feind für eine Betroffene sein. In der ambulanten Psychotherapie kann eine Frau lernen, mit der Diagnose zu leben und somit die Krankheit psychisch zu bewältigen, ohne an ihr zugrunde zu gehen. Es ist hilfreich, im Alltag mit anderen Frauen darüber zu reden. Sich mitteilen heisst, sich nicht verstecken. Die Experten sind die Betroffenen selbst, nicht die Ärzte. Der Austausch, zum Beispiel in Selbsthilfegruppen kann erleichtern, gibt Halt und wirkt unterstützend. *(Dr. Christina Casanova, Fachpsychologin für Psychotherapie FSP aus Chur, März 2014) Ein herzliches Dankeschön an Frau Casanova für dieses interessante Interview.*

# GESPRÄCH SGV

Es war Anfang März. Die letzten Tage waren anstrengend. Meine autoimmune Erkrankung brachte mich einmal mehr an meine Grenzen. Nun war ich wieder halbwegs auf den Beinen.

An diesem Vormittag hatte ich einen Gesprächstermin mit einem zuständigen Arzt der Schweizerischen Gesellschaft für Vertrauens- und Versicherungsärzte SGV. Vor gerade mal zwei Wochen hatte ich der Gesellschaft eine E-Mail geschrieben. Ich bat um ein Gespräch. Dann stand ich vor einer idyllisch gelegenen Praxis. Als ich mich im Wartezimmer hinsetzte, wurde sogleich mein Name aufgerufen. Der Arzt führte mich in einen grossen, wohnzimmerähnlichen, gemütlichen Raum. Er bot mir etwas zu Trinken an und fragte, was ich denn von ihm als Vertrauensarzt erwarte. Ich erklärte ihm unser Anliegen. Er hörte mir zu, dennoch entstand kein konstruktives Gespräch. Durch seine Skepsis gegenüber der Dringlichkeit meines Anliegens zog sich das Gespräch unnötig in die Länge. Meine Empfehlung, einen Vortrag eines Facharztes oder eine Weiterbildung für die Vertrauensärzte zum Thema Lipödem zu organisieren, wurde von ihm entschieden zurückgewiesen. Es bestehe bei den Ärzten kein Interesse. Einen grossen Teil des beinahe zweistündigen Gespräches hätten wir uns sparen können. Ich war sehr enttäuscht. Zum Schluss sagte er, er prüfe, eine Arbeitsgruppe zum Thema Liposuktion beim Lipödem zu erstellen. Dies unter der Leitung einer renommierten Ärztin/Arzt der plastischen, rekonstruktiven Chirurgie. Die müssten sich überlegen, wie es möglich wäre, die Liposuktion beim Lipödem von seinem ästhetischen

Ruf wegzubekommen. Das war ein interessanter Ansatz. Doch ich spürte, dass nichts Bewegendes passieren würde. Ebenfalls wollte er sich mit einem seiner Berufskollegen, der bei einer grossen Krankenkasse im Präsidium war, darüber austauschen, wie häufig es Streitigkeiten um Kostenübernahmen von Therapien beim Lipödem gäbe. Ich gab ihm zu bedenken, was passieren würde, wenn dieser Arzt sagt, es gäbe nur wenige Fälle. Ist dann das Thema für sie erledigt? Ja, dann müsste man schauen, entgegnete mein Gegenüber. Seine Forderung an mich war, aktuelle Fälle zu liefern, die Probleme mit Ihrem Vertrauensarzt hatten. Ob durch dieses Gespräch etwas zu erreichen war? Ich war sehr skeptisch. Ich notierte mir einige Namen, die im Gespräch gefallen waren. Vielleicht würden sich mir diese in Zukunft als nützlich erweisen.

# DEN GRUNDSTEIN LEGTEN WIR AN EINEM SONNTAG

Brigitte aus Graubünden und ich fuhren kurz nach Mittag in Richtung St. Gallen. Die Sitzung des Vorstands fand im Restaurant des Hotels Walhalla statt, gleich am Bahnhof in St. Gallen. Melina aus Zürich hatte sich am Vorabend bei mir abgemeldet. Sie lag mit einer Grippe im Bett. Ihre Stimme kratzte unüberhörbar. Sie meinte, wenn es ihr Morgen besser gehe, komme sie bestimmt, aber schon schnäuzte sie wieder und wieder ihre Nase. Na ja, ob da das Bett nicht die bessere Lösung war? Lena wartete bereits auf uns vor dem Restaurant und schon bald waren wir alle drei in ein munteres Gespräch verwickelt. Nachdem wir unsere Getränke bestellt hatten, starteten wir die Sitzung. Die Traktandenliste hatte ich schon zuvor via E-Mail verschickt. Die Statuten waren von allen gegengelesen. Wir kamen zügig voran. Punkt für Punkt wurde besprochen. Nach zweieinhalb Stunden hatten wir es geschafft. Nun stand einer Gründungsversammlung der »Vereinigung Lipödem Schweiz« nichts mehr im Wege. Das Gründungsdatum wurde einstimmig auf den 31. Mai 2014 festgesetzt. Die Ämter für den Vorstand wurden provisorisch zugeteilt. Die neue Homepage und die Vorlage für die Flyer präsentierte ich ebenfalls fix fertig an der Sitzung. Viele der vorangegangenen Tage hatte ich grösstenteils mit der Vorbereitung für die Gründung der Vereinigung Lipödem Schweiz verbracht. Mein Sohn erstellte die Basis der neuen Homepage, kreierte unser Logo und zeigte mir, wie ich die Homepage zukünftig bewirtschaften konnte. Der Inhalt der Homepage inklusiv des Logos wurde an der Sitzung genehmigt. Die Flyer konnten in den Druck und so weiter und so fort ... Jetzt stand der Gründung nichts mehr im Wege.

Anfang April war bereits ein weiterer Vortrag bei einem Physiotherapeuten Verband in Graubünden geplant. Dort wollten wir im neuen Kleid erscheinen. Diesmal begleitete mich Brigitte, unsere zukünftige Kassierin der Vereinigung. Sie war bereits in einem anderen Verein als Kassierin tätig und somit bestens gerüstet für dieses Amt.

# GEPLATZTE SEIFENBLASE

Nach zwei sehr interessanten und intensiven Schultagen kam ich an jenem Samstagabend spät nach Hause. Ich war müde und wollte nur noch schlafen. Am nächsten Morgen sah ich den Brief von meiner Krankenkasse auf dem Tisch liegen. Leicht angespannt öffnete ich ihn und war platt. Ich wurde zu einem Abklärungstermin nach Luzern geladen: »Einladung zur persönlichen Begutachtung«. Doch dann die Enttäuschung. Es stand: »Für die Abklärung unserer Leistungspflicht betreffend Kosten für Lymphdrainagen laden wir Sie zu einer persönlichen Begutachtung durch unsere Vertrauensärzte/in ein. Terminvorschlag, 02.04.2014, 14.30 Uhr.« Das Irritierende war, dass ich nur eine einzige Lymphdrainage hatte, seit ich die flachgestrickte Kompressionsstrumpfhosen im September 2011 angepasst erhalten hatte. Damals löste die Drainage bei mir Fieber, Schmerzen und Schwellungen aus, die sich mehrere Tage hielten. Meinerseits war nie die Rede von Kostenübernahme für Lymphdrainagen. Nun wollten sie tatsächlich abklären, ob die Lymphdrainage bei mir eine Leistungspflicht für die Krankenkasse darstellt. Hatte sich die Krankenkasse je mit meinem Fall auseinandergesetzt? Das fragte ich mich an diesem Morgen. Die Verantwortlichen widersprachen sich immer häufiger. Ihre Glaubwürdigkeit schwand mehr und mehr. Je mehr Bürokratie, desto schwieriger der Überblick. Jeder arbeitet in seinem kleinen Garten, ohne nur einen Millimeter über den Zaun zu schauen. »Tut mir leid, das liegt nicht in meiner Kompetenz.« Die Sicht auf das Ganze geht verloren.

Zurück zu meinem Brief. Gleichentags fragte ich meine Anwältin nach ihrer Meinung dazu. Sollte ich diesen Termin trotzdem wahrnehmen? Gerne würde ich den Vertrauensärzten die Krankheit Lipödem erklären. Nicht um sie anzuklagen, aber um ihre Wissenslücken aufzufüllen.

# STATEMENT VOM LANDESLEITER HERRN ALFRED KÖGL, DER ÖLL (ÖSTERREICHISCHE LYMPH-LIGA) IM VORARLBERG, MÄRZ 2014

**Wie sieht die Lage in Österreich bezüglich Kostenübernahme der Krankenkassen für die Konservative und invasive Behandlung beim Lipödem aus?**

Die Kostenübernahme wird in Österreich verschieden gehandhabt, da wir mehrere Kassen haben. Als Beispiel nehme ich hier die Vorarlberger Gebietskrankenkasse (VGKK) und die SVA (Sozialversicherung der gew. Wirtschaft) sie übernehmen bei den Vertragstherapeuten die Kosten zum Vertragstarif. D.h. bei Lymphdrainagen werden bei einer Behandlungsdauer von 30 Minuten €19,17, bei 45 Minuten €29,25 und bei 60 Minuten €39,00 übernommen (Stand März 2014). Bei den Wahltherapeuten bezahlen die VGKK und die SVA nur einen Kostenanteil von 80 % des Tarifs. Bei stationären Aufenthalten werden die Kosten bis auf einen kleinen Selbstkostenanteil übernommen. Dies gilt nur für Vorarlberg. In den anderen Bundesländern sind die Tarife verschieden, obwohl es eigentlich vom Dachverband aus geregelt werden sollte. Die Kärntner Krankenkasse lehnt die Kostenübernahme ganz ab – zumindest wird es versucht. Die anderen Krankenkassen bezahlen nur einen Kostenbeitrag. So bezahlt die BVA (Beamten-Versicherung), SV der Bauern, Versicherung der ÖBB nur €8 für eine Behandlung von mind. 45 Minuten. Apparative Entstauung wird nur bei den Physiotherapeuten und den Krankenanstalten bezahlt. Für Absaugungen (Liposuktion) werden von der VGKK und der SVA ein Kostenanteil von ca. €150 übernommen, obwohl eine Gesundheitsgefährdung bei nicht rechtzeitiger Behandlung nachgewiesen ist und die Kosten damit steigen. In Österreich wird lieber über einen sehr langen Zeitraum die konservative Therapie bezahlt, die aber auf Dauer einiges an Mehrkosten mit sich bringt.

### Ist das Lipödem im Leistungskatalog der Krankenkassen als Krankheit eingetragen?

Ja, das Lipödem ist bei allen österreichischen Krankenkassen als Krankheit anerkannt und somit im Leistungskatalog aufgeführt. Dies wird jedoch nicht von den Krankenkassen selbst geregelt, sondern vom Sanitätsrat beschlossen. Somit gilt es automatisch für alle Krankenkassen.

### Wie bekannt ist das Lipödem bei den Hausärzten in ihrem Land?

Leider ist das Lipödem bei den Hausärzten kaum bekannt. Das Thema wird im Medizinstudium nur angeschnitten, deshalb kennt es fast niemand. Allgemein wird der Unterschied zwischen einem Lipödem und einem Lymphödem sehr häufig von den Ärzten nicht erkannt. So kommt es leider immer wieder unnötig zu Fehldiagnosen. Im Vorarlberg ist mir nur ein Arzt bekannt, der sich mit dem Lipödem befasst. Bei uns sind die Ärzte immer noch der Meinung, dass bei einem Lipödem eine Diät hilft. Da ist noch einiges an Informationsarbeit zu leisten. Aus diesem Grund habe ich gemeinsam mit einer Ausbildungsärztin des Therapiezentrums Wittlinger im Dezember 2013 im Landeskrankenhaus Feldkirch eine

Fortbildung für niedergelassene Ärzte gehalten. Es sind weitere Veranstaltungen geplant.

**Wo wendet man sich als Lipödembetroffene aus Österreich am besten hin?**

Betroffene sollten sich an das Therapiezentrum Wittlinger am Walchsee im Tirol, das Therapiezentrum Wolfsberg in Kärnten, oder an die ÖLL (österreichische Lymphliga) wenden. http://www.lymphoedem.at/ (abgerufen 17.05.2024) Die ÖLL hat in allen Bundesländern Ansprechpartner. Meine Vorarlberger Patienten schicke ich nach Innsbruck zu einer Ausbildungsärztin des Therapiezentrums Wittlinger. Die Absaugungen beim Lipödem werden von mehreren Ärzten angeboten. Ein mir bekannter Arzt aus Linz (AT) macht dies sehr gut. Von anderen Therapiezentren werden die Lipödempatienten ebenfalls ihm zugewiesen. Die ÖLL und ich selbst pflegen einen guten Kontakt zur Földiklinik im Schwarzwald.

*Ich bedanke mich herzlich für die Erklärung der Lage in Bezug auf die Krankheit Lipödem in Österreich bei Herrn Alfred Kögl, Heilmasseur und Landesleiter der ÖLL*

*(Österreichische Lymph-Liga, 31. März 2014)*

# FRAGEN AN DAS WITTLINGER THERAPIEZENTRUM IM TIROL (MAI 2014)

Von einer vom Lipödem betroffenen Frau aus Österreich, die unsere Selbsthilfegruppentreffen regelmässig besuchte, erfuhr ich ebenfalls vom Wittlinger Therapiezentrum für Lymphödeme am Walchsee im Tirol. Wie auf deren Homepage beschrieben, gibt es diese Lymphödemklinik bereits seit vier Jahrzehnten. Im Mittelpunkt der Behandlung steht dabei die manuelle Lymphdrainage nach Dr. Vodder als Teil der kombinierten Physikalischen Entstauungstherapie. Dem Therapiezentrum ist die Dr. Vodder Akademie angegliedert, die als Aus- und Weiterbildungsstätte für Masseure, Physiotherapeuten und Ärzte dient. Der ärztlichen Leiterin, Frau Dr. Heim, und dem Geschäftsleiter des Wittlinger Therapiezentrums, Herrn Wittlinger, stellte ich folgende Fragen:

**Ist das Lipödem in Österreich als Krankheit bei den Krankenkassen anerkannt und im Leistungskatalog aufgeführt?**
Laut Aussagen vom chefärztlichen Dienst der TGKK (Tiroler Gebietskrankenkasse Bewilligungsstelle für Kostenübernahmen) ist die Diagnose Lipödem im Leistungskatalog als Diagnose hinterlegt und dementsprechend als Krankheit anerkannt.

**Werden von den Krankenkassen die Behandlungskosten konservativ und invasiv problemlos bezahlt?**

Sofern von einem Arzt verordnet, werden konservative Therapien übernommen, (Strumpf HG entspricht Druckeinheit), invasive Verfahren normalerweise nicht.

**Ist die Krankheit in Ihrem Land bei den Hausärzten bekannt?**

Dazu liegen mir keine gesicherten Daten vor, aber laut Aussagen der stationären Patienten in unserem Haus wird die Diagnose Lipödem meistens nicht vom Hausarzt, sondern vom Physiotherapeuten vermutet.

**Was denken Sie, wie viele Lipödembetroffene gibt es in Österreich?**

Ich zitiere hier die Aussage für Deutschland des Instituts für Medizinisches Wissenschaftsmanagement von 2009: »Bezüglich der Epidemiologie existieren keine gesicherten Daten. Umfragen in lymphologischen Fachkliniken ergaben bei stationären Patientinnen einen Anteil zwischen 8 und 17 Prozent (Herpertz, Meier-Vollrath et al.).« In Österreich dürften die Zahlen aber vergleichbar sein.

**Gibt es in Österreich bereits Selbsthilfegruppen für Lipödembetroffene?**

In Österreich selbst sind mir keine Selbsthilfegruppen zum Thema Lipödem bekannt. Rat finden Betroffene bei Lymphödem Gruppen.

*Ein herzliches Dankeschön für die Beantwortung meiner Fragen ins Tirol an die ärztliche Leiterin Dr. Christine Heim und den Geschäftsführer Dieter Wittlinger, des Wittlinger Therapiezentrums/Dr. Vodder Akademie (Mai 2014)*

# AUS LIPÖDEM SHG WIRD DIE VEREINIGUNG LIPÖDEM SCHWEIZ (VLS)

Die neue Homepage war schon seit ein paar Tagen aufgeschaltet, die Flyer noch kaum trocken. Aus der Lipödem-Selbsthilfegruppe wurde die Vereinigung Lipödem Schweiz. Am 31. Mai 2014 würde die Gründungsversammlung in Sargans stattfinden. Alles lief nach Plan.

In der Rehaklinik Bad Zurzach fand am letzten Samstag im Monat März eine Lipödem-Fachtagung statt, an der Lena und ich ebenfalls teilnahmen. Wir waren beide gespannt, wen wir kennenlernen und was wir für Neuigkeiten über die Lipödemtherapie in Erfahrung bringen konnten. Ich traf bereits am Vorabend in meinem gebuchten Gasthof ein. Somit blieb noch genügend Zeit, um eine Lipödempatientin in der Rehaklinik zu besuchen. Sie war ein paar Monate zuvor durch den Bericht in der Schweizer Illustrierten auf uns aufmerksam geworden. Es wurde eine sehr eindrückliche Begegnung mit ihr und ihrem Sohn. Er war bei seiner Mutter zu Besuch. Ihre Geschichte hatte mich vor ein paar Wochen zu Tränen gerührt. Dreiundvierzig Jahre lang litt sie unter Schmerzen wegen des Lipödems und kein Arzt erkannte oder behandelte das Unübersehbare. Anfang dieses Jahres, als sich ihre Tochter bei mir meldete, empfahl ich ihr, sich beim leitenden Arzt der Angiologie der Rehaklinik in Bad Zurzach zu melden. Schon kurze Zeit später startete sie eine stationäre Behandlung. Sie bekam täglich Lymphdrainage und Kompressionsbandagen. Als ich sie an diesem Abend persönlich kennenlernen durfte, erzählte sie mir, dass sie am darauffolgenden Morgen mit ihren persönlich angepassten Kompressionsstrümpfen nach Hause fahren durfte. Schmerzfrei und mit sichtlich schlankeren Beinen. Bereits ein paar Tage nach ihrem Eintritt in die Klinik erfuhr ich von ihrer Tochter, dass erste Verbesserungen bei der Mutter sichtbar und spürbar wurden. Das war sehr emotional für mich. Nach 43 Jahren! Unglaublich, aber wahr. Sie und ihr Sohn konnten es noch gar nicht richtig fassen, verständlich nach einer so langen Leidensgeschichte. An jenem Freitagabend, als ich sie besuchte, war ihr letzter Abend in der Rehaklinik und wie das Schicksal es wollte, durfte ich sie noch persönlich kennenlernen. Ich wünsche ihr von Herzen eine schmerzfreie Zukunft.

# LIPÖDEM TAGUNG IN BAD ZURZACH, ENDE MÄRZ 2014

In dem kleinen geschichtsträchtigen Gasthof mit einem wunderschönen Innenhof schlief ich wie ein Murmeltier. Nach einem herrlichen Frühstück mit frisch gebackenem Brot und anderen Leckereien war ich fit für den Tag. Lena traf pünktlich um acht Uhr dreissig am Haupteingang der Rehaklinik ein. Schon vor Beginn des Anlasses lernten wir ein paar bedeutende Personen kennen, die an einem Infostand ihre Produkte präsentierten. Die Teilnehmenden waren fast ausschliesslich Physiotherapeuten aus der ganzen Schweiz. Die Plätze waren allesamt besetzt. Herr Dr. med. Stephan Wagner, der leitende Arzt der Angiologie der Rehaklinik Bad Zurzach, eröffnete mit einem Referat die 12. Tagung im Hause. Seine Themen waren die Diagnostik und die konservativen Behandlungsmöglichkeiten beim Lipödem. Er erwähnte unter anderem, dass es rein medizinisch gesehen, die Krankheit Lipödem nicht gibt. Auch, dass zwischen dem Medizin- und dem Volksproblem eine grosse Diskrepanz bestehe. Wie Recht er hatte. Interessant war auch sein Hinweis, dass im Pschyrembel auf der Ödemliste das Lipödem an letzter Stelle aufgeführt war. Eine weitere wichtige Aussage, dass in jedem Stadium, somit auch im Anfangsstadium die Symptomatik stark ausgeprägt sein kann. Wie bei mir. Als das Lymphsystem in meinen Beinen gestaut war, hatte ich starke Gewebeschmerzen und konnte bereits um die Mittagszeit kaum eine Treppe hochsteigen und war andauernd müde. Das war eine sehr schwierige Zeit. Der Arzt betonte, dass es sehr wichtig wäre, vorhandenes Übergewicht langsam abzubauen. Eine schnelle Gewichtsabnahme kann sich negativ auf das Lipödem auswirken, da die Gefahr eines Jo-Jo-Effektes gross ist. Eine langfristige Ernährungsumstellung sollte professionell begleitet werden. Das Thema Bewegung wurde ebenso angesprochen. Ausdauersport mit Kompression, Übungen mit dem Trampolin und Wassergymnastik sind ideale Bewegungsarten beim Lipödem. Die Wassertemperatur sollte unter dreissig Grad Celsius betragen, damit die Kapillarwände von dem positiven zusammenziehenden Effekt des kühlen Wassers profitieren können. Von einem anderen Arzt aus der Fachrichtung plastische und ästhetische Chirurgie aus Freiburg (D) erfuhren wir einiges über die invasiven Behandlungen wie der Liposuktion (Fettabsaugung) und der Dermolipektomie (Hautstraffung bei überschüssigem Gewebe). Nach einem leckeren Mittagessen nahmen wir an verschiedenen Workshops teil. Es wurde die Bandagen Technik beim Lipödem vorgestellt sowie eine spezielle Behandlungsmethode mit einem Gerät (Deep Oscillation) und eine Behandlungsmethode, die eine manuelle Lymphdrainage ergänzen kann. Zum Schluss wurde der »Lympha-mat Gradient« vorgestellt, der zur gezielten Behandlung von lymphlastigen Ödemen, ergänzend zur manuellen Lymphdrainage, eingesetzt werden kann. Alle Geräte und Techniken durften die Teilnehmenden ausprobieren. Das Bandagieren eines Probanden war für mich eine sehr interessante, unvergessliche Erfahrung. Ein spannender Tag neigte sich dem Ende zu. Lena und ich waren froh, dass am kommenden Tag Sonntag war. Zeit, um aufzutanken.

# LEERLAUF

Die weite Zugfahrt hätte ich mir sparen können! Doch alles von vorne. Eine knappe Woche zuvor hatte ich eine »Einladung zur persönlichen Begutachtung« von meiner Krankenkasse erhalten. Wie sich das anhört, als wäre ich ein Schaf. Im Brief stand: »Für die Abklärung unserer Leistungspflicht betreffend Kosten für Lymphdrainage laden wir Sie zu einer persönlichen Begutachtung durch unsere Vertrauensärzte ein.« Der Termin fand am 2. April 2014 statt. Was mich irritierte, ich hatte nie eine Lymphdrainage gefordert. Eine unbeschreibliche Wut stieg in mir auf. In den letzten drei Jahren hatte ich erst zwei Blöcke an je neun Lymphdrainagen bezogen. Diese wurden ohne Widerrede bezahlt. Ich benötigte keine Lymphdrainage, sondern eine Kostengutsprache für meine flachgestrickten Kompressionsstrumpfhosen CCL 2. Den Brief leitete ich an meine Anwältin weiter. Leider war sie zu beschäftigt, um mein Anliegen so kurzfristig vor dem Begutachtungstag zu bearbeiten.

Dann war es so weit. Mit dem Zug fuhr ich Richtung Luzern. Für den Termin beim Vertrauensarzt benötigte ich den ganzen Tag. Die Fahrt mit dem öffentlichen Verkehr dauerte hin und zurück insgesamt fünf Stunden. Etwas zu früh betrat ich die Praxis in Luzern. Im Wartezimmer wurde ich langsam nervös. Mein Herzschlag war ungewöhnlich schnell. Mit gezielten Atemübungen wirkte ich meiner inneren Unruhe entgegen. Endlich, eine halbe Stunde zu spät, wurde mein Name von einem älteren Herrn aufgerufen. Frau Schmid, bitte! Ich sprang vom Stuhl und bewegte mich auf ihn zu. Er stellte sich kurz vor und begleitete mich in sein Sprechzimmer, wo bereits eine andere Vertrauensärztin auf uns wartete. Der ältere Herr schien bereits im Rentenalter zu sein. Er fragte mich freundlich, warum ich heute hier sei. Ich antwortete jedenfalls nicht aufgrund dessen, der im Brief beschrieben ist. Der Vertrauensarzt fragte, wie er das verstehen dürfe. Ich reichte ihm den Brief und wies auf einen weiteren Fehler hin. Das Geburtsdatum stimmte nicht überein mit meinem. Ich blickte in zwei erstaunte Gesichter. Weiter erklärte ich, dass ich den Weg auf mich genommen habe, um über die Kostenübernahme der flachgestrickten Kompressionsstrumpfhosen und der Liposuktion zu sprechen. Er meinte mahnend, es gehe im Speziellen um die Liposuktion, die ich ohne eine Genehmigung der Krankenkasse vor zwei Jahren hatte durchführen lassen. Von den Kompressionsstrümpfen wusste er nichts. Bereits mehrere Monate vor meinem invasiven Eingriff hatte ich die Krankenkasse darüber informiert. Den beiden Vertrauensärzten erklärte ich, dass ich mit der Operation nicht zwei, drei Jahre warten konnte, bis eine Antwort eintrifft. Ich ertrug vor dem Eingriff die Kompression sehr schlecht. Deshalb hatte ich so gehandelt. Der Vertrauensarzt führte mir vor Augen, dass Eigenverantwortung und präventives Handeln von ihnen nicht goutiert werden. Das sass! Ich wiederholte seine Worte, in der Hoffnung, sein Bewusstsein zu schärfen, was er gerade von sich gab. Doch, ohne Erfolg. Meine Kompressionsversorgung interessierte die beiden nicht. Die Vertrauensärztin ergriff einmal im Gespräch kurz die Initiative für mich, dann wurde sie von ihrem Kollegen unsanft zurechtgewiesen. Anschliessend sagte sie kein Wort mehr. Meine Müdigkeit kam mir heute entgegen. So kam ich nicht in Versuchung, gereizt zu reagieren. Am Ende des Gespräches konnte ich es mir dennoch nicht verkneifen. Ich erwähnte, dass das Thema Lipödem und dessen Probleme mit den Krankenkassen von der Zeitschrift Beobachter in den nächsten Wochen thematisiert und veröffentlicht werden würde. Freundlich, aber sehr bestimmt kamen die Worte über meine Lippen. Unseren neuen Flyer legte ich ebenfalls auf den Tisch.

Die Wut überkam mich erst am Abend beim Essen mit meiner Familie. Am Ende der Begutachtung, die einer solchen nicht gerecht wurde, stand fest, die Liposuktion würde die Krankenkasse nicht bezahlen. Über die Kostenübernahme oder besser die Kostenbeteiligung der Kompressionsstrumpfhosen wollten sie nochmals nachdenken. Es bestanden seitens der Krankenkasse zu viele Ungereimtheiten. Das musste der ältere Herr eingestehen. Die Vertrauensärztin schwieg nach wie vor. Das einseitige, frustrierende Gespräch dauerte fünfundvierzig Minuten.

Wieder draussen verteilte ich auf dem Weg zum Bahnhof einige mitgebrachte Flyer von der »Vereinigung Lipödem Schweiz« an Physiotherapie, Arzt- und Psychologie Praxen. Der Zug auf der Heimfahrt war wieder zum Bersten voll. Während der Fahrt notierte ich mir die Geschehnisse in meinem ständigen Begleiter, das Notizbuch. Für mich die einfachste und effektivste Methode, um Emotionen zu verarbeiten. Es wird sich zeigen, ob dieser Tag reine Zeitverschwendung war. Der Vertrauensarzt stimmte mich vor Ort darauf ein, längere Zeit auf eine Antwort warten zu müssen. Das erstaunte mich nicht, denn ich hatte sechs Monate auf diesen Termin gewartet. Mitgeteilt worden war er mir lediglich eine Woche zuvor. Als ob ich nichts anderes zu tun hätte.

Am nächsten Tag wuchs erneut die Wut in mir. Ich entschied mich gegen Ende des Tages, meine Anwältin zu kontaktieren. Vor kurzem stimmte ich ihr noch zu, dass wir abwarten sollten. Doch an diesem Tag sah ich das anders. Ich wurde richtiggehend wütend auf mich, auf die Vertrauensärzte und die halbe Welt. Viel zu nett war ich gegenüber den Vertrauensärzten. Ich bin doch ein Widder und kein Schaf! Was war am Vortag bloss los mit mir? Es schrie förmlich in mir und es musste raus …! So schrieb ich meiner Anwältin Folgendes: Die Kostenübernahme bei der Liposuktion ist nicht aussichtslos. Ich schilderte ihr einen positiven Fall von einer jungen Frau aus dem Toggenburg. Ich war der Meinung, dass wir nun erst recht weiterkämpfen müssen für beide Forderungen (Kostenübernahme von flachgestrickten Kompressionsstrümpfen und der Liposuktion). Deshalb bat ich die Anwältin, die Krankenkasse aufzufordern, innert zwei Wochen eine Antwort zu geben. Ich konnte nicht akzeptieren, dass der Vertrauensarzt mir ins Gesicht sagte, es werde nicht goutiert, dass ich aus Eigenverantwortung präventiv gehandelt hätte. Ich hatte nicht nur präventiv gehandelt, sondern mit der Operation den Lymphstau und die Schmerzen reduziert. Dadurch hatte ich erreicht, dass ich weiterhin mein Studium absolvieren konnte und somit trotz meiner Erkrankungen einer Arbeit nachgehen kann, die mir Freude bereitet und mich fordert. Durch diesen Eingriff erhöhte sich meine Lebensqualität massiv. Diese Hinhaltetaktik musste ein Ende haben und ich akzeptiere kein Nein und kein Verzögern mehr. Ich bat meine Anwältin, dies meiner Krankenkasse mitzuteilen. Ansonsten würden wir weitere Schritte einleiten müssen. Mit jedem Wort bröckelte Stein um Stein, Kiesel um Kiesel meiner Felsen grossen Wut in die Tiefe und wurde zu feinem, warmem, rieselndem Sand …

# JASMINS MARATHON

Unser Treffen fand an einem Freitagmorgen, anfangs April statt. Jasmin und ich verabredeten uns spontan. Sie hatte mich ein paar Tage zuvor angerufen. Sie erzählte, dass sie endlich nach einem langen Kampf mit ihrer Krankenkasse die Kostengutsprache für ihre drei Liposuktionen, erreicht hat. Die Eingriffe wurden bereits vor einiger Zeit durchgeführt. Auch sie hatte den Rechtsschutz involviert, als sie von ihrer Krankenkasse abgewiesen worden war. Doch alles von vorne. Jasmin ist eine junge, zierliche Frau. Ihre blonden schulterlangen Haare und die strahlend blauen Augen verleihen ihr ein frisches Aussehen. Als sie das Kaffeehaus im Toggenburg betrat, kam sie mit festem Schritt auf mich zu. Mit ihren jugendlichen fünfundzwanzig Jahren wirkte sie auf mich sehr gefestigt. Sie erkannte mich sogleich. Zuvor hatten wir uns bereits telefonisch oder via E-Mail ausgetauscht. Ich spürte, in ihr steckt eine Kämpfernatur. Sie erzählte mir von den mühsamen Verhandlungen mit ihrer Krankenkasse und wie sie immer wieder weiterkämpfte, auch wenn es manchmal aussichtslos schien. Sie hatte schon früh ihren Rechtsschutz eingeschaltet. Dieser wies sie zu Beginn mit folgender flapsiger Ausrede ab: »Eine Kostengutsprache einzufordern für ihre Liposuktion ist aussichtslos.« Jasmin liess sich nicht beeindrucken und holte sich einen unabhängigen Anwalt zu Hilfe. Dieser konnte bewirken, dass der Rechtsschutz ihren Fall übernehmen musste und die Kosten dafür ebenso. Die ersten Symptome des Lipödems traten bei Jasmin wie ein Hammerschlag in ihr Leben. Kurze Zeit zuvor war sie aus Deutschland ins Toggenburg eingewandert. Von Dezember

2009 bis Februar 2010 nahm sie ungewöhnlich an Gewicht zu, ohne dass sie etwas an ihrem Ess- oder Bewegungsverhalten verändert hatte. Insgesamt 16 Kilogramm innert drei Monaten. »Ich hatte bleischwere Beine. Ich dachte als erstes, ich hätte zu viele Weihnachtskekse gegessen«, erzählte mir Jasmin. Sie fragte ihre Mutter um Rat, ob sie mehr gegessen hatte als sonst. Ihre Mutter verneinte deutlich. »Nebst meinem Partner hatte auch meine Mutter immer zu mir gehalten. Sie unterstützte mich, wenn ich nicht mehr weiterwusste. Glaubte mir, dass es sich um eine Krankheit handelte und nicht um ein normales Übergewicht. Sie motivierte mich auch immer wieder, für mein Recht weiterzukämpfen«, so Jasmin. Ihre schlanke Statur veränderte sich plötzlich und ihre Hosen platzten aus allen Nähten. Sie probierte alles Mögliche aus, damit es ihr besser ging. »Ich machte weiterhin Sport, hatte danach jedoch noch schwerere Beine, die so prall waren, dass ich glaubte, sie platzten gleich, wenn ich mit dem Finger darauf tippte. Mir ging es psychisch und physisch sehr schlecht in dieser Zeit und ich klammerte mich an jeden Strohhalm. Ich traute mich kaum, mich jemandem anzuvertrauen. Ich hatte Hemmungen. Wenn mich Bekannte fragten, ob ich zugenommen hätte, traf mich das tief im Innern. Mir war bewusst, dass sie es nicht böse meinten.« Jasmin erzählte weiter: »Früher war ich Leistungsschwimmerin, trainierte in einem Verein und ging regelmässig an Wettkämpfe. In der Ausbildung als Augenoptikerin rückte das Schwimmen in den Hintergrund. Sportlich blieb ich jedoch weiterhin aktiv, einfach etwas eingeschränkter wegen der Beschwerden in den Beinen«, sagte Jasmin. Mit knapp zwanzig Jahren erfolgte eine ungewöhnliche Gewichtszunahme. »Ab diesem Zeitpunkt fühlte sich mein Leben an wie ein Marathon. Als Erstes musste ich ein Venenproblem operieren lassen. Doch die Beine schmerzten weiter und spannten enorm. Ich suchte verschiedene Phlebologen auf. Eine Phlebologin aus Oberuzwil war mir die grösste Stütze unter den Ärzten. Ab Herbst 2010 wurden mir rundgestrickte Kompressionstrümpfe verschrieben, Klasse 2. Gleichzeitig bekam ich regelmässige

Lymphdrainagen. Mein Gewicht blieb nun endlich stabiler, doch die Strümpfe gruben sich massiv in meine Haut ein. Die Schmerzen waren unerträglich. So konnte es nicht weiter gehen,« sagte Jasmin mit fester Stimme. Ihre klaren Worte und ihre gefestigte Haltung beeindruckten mich einmal mehr. Die Lymphdrainagen brach sie wieder ab, weil sie nichts brachten. »Im Januar 2012 liess ich mich einer Liposuktion unterziehen. Im September des gleichen Jahres folgte der zweite Eingriff, dann im März 2013 der Dritte. Insgesamt wurden mir zwölf Liter Fett abgesaugt. Seither habe ich meine Lebensqualität wieder zurückgewonnen.« Jasmins Gesicht strahlte mir entgegen, als sie erzählte, und das Leuchten ihrer Augen war unübersehbar. Es schien, als wäre sie wieder zurück im Leben, nach einem langen, zehrenden Marathon. Der Vertrauensarzt ihrer Krankenkasse war für sie ein Glücksfall. Er erkannte bei ihr das Lipödem sofort und dies, obwohl sie die Eingriffe bereits hinter sich hatte und ihre Beine wieder in einem guten Zustand waren. Das ist eine Seltenheit bei Vertrauensärzten wie auch bei anderen Ärzten. Ganz wolkenlos ist Jasmins Zukunft dennoch nicht, denn das Lipödem betrifft auch ihre Arme. Das war auch mit ein Grund, weshalb der Vertrauensarzt das Lipödem erkannte. Er befand die Liposuktion an ihren Beinen als eine gute Therapie und stimmte einer Kostengutsprache deshalb zu. Eine weise Entscheidung, leider in der Schweiz noch sehr selten. Ein weiterer Eingriff an den Armen war zu dieser Zeit bereits geplant. Jasmin hofft darauf, dass es diesmal weniger Schwierigkeiten seitens der Krankenkasse geben würde, da der Vertrauensarzt es gutgeheissen hatte. Jasmin kann seit den Eingriffen wieder unbeschwert ihren Beruf als Augenoptikerin ausüben. Ihre Beine sind beschwerdefrei und sie hatte ein Jahr zuvor aufgehört, Kompressionsstrümpfe zu tragen. Auch Sport und Bewegung machten wieder Spass. »Ich war noch nie ein Couchpotato«, sagte Jasmin mit beschwingter Stimme. Sie fühlte sich zum Zeitpunkt unseres Gesprächs in ihrem Leben nicht mehr eingeschränkt und hatte ihr positives Lebensgefühl zurückgewonnen. Der Kampf mit dem Rechtsschutz dauerte zwei

Jahre. Sie betonte, dass es sehr wichtig ist, sich nicht abweisen zu lassen und sich viel Wissen über die Krankheit anzueignen. Das verschaffe innere Stärke und könne helfen, einen solchen Rechtsstreit durchzustehen. »Wenn ich etwas weitergeben kann, dann ist es dies, kämpft für eure Rechte und lasst euch nicht unterkriegen! Ich hatte viele Rückschläge zu verkraften, aber ich machte immer weiter«, sprach Jasmin mit gewohnt bestimmter und dennoch ruhiger Stimme. Für kurze Zeit spürte ich auch ihre verletzliche Seite. Die Zeit verging wie im Fluge. *Ich danke dir, liebe Jasmin, für deine offenen Worte über deinen persönlichen Lipödem-Marathon. Ich wünschte ihr weiterhin viel Lebensfreude und dass das Lipödem eines Tages Geschichte sein würde. (Anfang April 2014)*

# FRAGEN AN ANGIOLOGIN FRAU DR. MED. D. REUTTER UNIVERSITÄTSSPITAL ZÜRICH USZ

Letzten Herbst lernte ich Frau Dr. Reutter bei einem persönlichen Gespräch im USZ kennen. Ich spürte sofort, dass ihr eine gute Behandlung der Lipödempatientinnen am Herzen liegt. Die Oberärztin der Klinik für Angiologie zeigte mir unter anderem ein Gerät, mit dem die Lymphgefässe untersucht wurden (Fluoreszenz Mikrolymphographie). Sie erklärte mir, dass diese Untersuchung oft bei Frauen mit Lipödem durchgeführt würde. Damit konnten Veränderungen der Lymphgefässe festgestellt werden, die für die weitere Behandlung von Bedeutung waren. Wir sprachen letzten Herbst auch über die Erarbeitung eines «Schweizweiten Behandlungs-Konzeptes beim Lipödem». Zu meiner grossen Freude erklärte sich Frau Dr. Reutter bereit, sich diesem Thema anzunehmen. Ich bat sie um eine Stellungnahme zu folgenden zwei Fragen:

**Wie schätzen Sie die Chance zur Erreichung eines schweizweit anerkannten Behandlungskonzeptes für die Lipödem-Erkrankten ein?**
Frau Dr. Reutter: Das finde ich erstrebenswert und sinnvoll. Die Umsetzung soll interdisziplinär (fachübergreifende Zusammenarbeit) erarbeitet werden.

**Welche Behandlungsmethoden beim Lipödem haben Ihrer Meinung nach eine reale Chance, in Zukunft von den Krankenkassen bezahlt zu werden? Die Konservative, die Invasive?**

Frau Dr. Reutter: Die Kompressionsbehandlung und die kombinierte physikalische Entstauungstherapie, insbesondere bei zusätzlicher Phleb- oder Lymphödemkomponente. Auch deswegen ist eine gute Diagnostik wichtig. Betreffend den invasiven Behandlungsmöglichkeiten wie die Liposuktion ist eine Übernahme durch die Krankenkassen aktuell nicht gewährleistet. Auch diesbezüglich ist eine eingehende Untersuchung und Diagnostik wichtig, um relevante Begleit- und/oder Folgeerkrankungen bei Lipödem festzustellen. *Ich bedanke mich herzlich für das Beantworten meiner Fragen bei Frau Dr. med. Daniela Reutter, Fachärztin Angiologie und Innere Medizin FMH, Oberärztin im Universitätsspital Zürich. (8. April 2014)*

# GROSSER BERICHT ÜBER DAS LIPÖDEM

Samstags, 5. April, erreichte mich frühmorgens eine E-Mail einer Physiotherapeutin aus Uzwil. Sie schrieb, dass sie sich über den grossen Artikel über das Lipödem in der Südostschweiz sehr freute. Das war interessant! Ich wusste gar nicht, dass der Bericht der Südostschweiz heute veröffentlicht worden war. Am liebsten wäre ich gleich zum nächsten Kiosk gerannt. Noch am selben Tag kaufte ich mir erwartungsvoll die neue Ausgabe und suchte voller Neugier nach dem Bericht. Nach mehr als sechs Monaten wurde der Bericht tatsächlich veröffentlicht und füllte eine komplette Seite der Zeitung. Brigitte, die Hauptdarstellerin im Bericht, war genauso überrascht und erfreut wie ich. Es folgten viele Reaktionen seitens Betroffenen und Bekannten. Brigitte und ich hatten den Bericht leider zuvor nicht gegenlesen können. So enthielt der Text einen amüsanten Fehler. Es stand, dass die vom Lipödem betroffene Frau einen Venerologen aufgesucht hatte für die Abklärung ihrer Beine. Ein Venerologe beschäftigt sich mit sexuell übertragbaren Erkrankungen und hat mit Venen nichts zu tun. Immerhin hatte dies für einige Lacher gesorgt. Auch das gewählte Bild aus der Antike hat mit unserer Krankheit nichts zu tun. Es zeigte lediglich eine übergewichtige Frau.

# VORTRAG BEI PHYSIO GRAUBÜNDEN

Seit dem letzten Vortrag über das Lipödem waren etwas mehr als zwei Monate vergangen. Nun war es wieder so weit. Am 8. April stand uns ein Vortrag bei einer Gruppe von Physiotherapeuten aus Graubünden bevor. Diesmal begleitete mich Brigitte. Ihre Aufgabe war es, ihre eigene Lipödem Geschichte vorzutragen. Die Therapeutengruppe erwartete uns in einem Sitzungszimmer des Kantonsspitals Graubünden. Acht sehr interessierte Frauen und Männer waren anwesend. Nach einer kurzen Ansprache ihrerseits starteten Brigitte und ich mit unserem Vortrag. Die Zuhörer zeigten grosses Interesse am Thema. Immer wieder wurden Fragen gestellt und so verging die Zeit wie im Fluge. Ein erfolgreicher Abend, durch und durch. Zum Abschluss bekamen wir von den Teilnehmern eine grosszügige Spende für unser zukünftiges Vereinskonto. Wir nahmen es mit einem herzlichen Dankeschön entgegen, wenn das kein gutes Omen war. Wir hatten noch nicht einmal ein Vereinskonto eröffnet und bereits eine Spende in der Tasche. Ein Vereinskonto konnte erst nach der Gründungsversammlung mit vorgelegtem Protokoll eröffnet werden. Am nächsten Tag besprachen wir im Vorstand, wie wir die Gründungsversammlung gestalten wollten. Ich brachte den Vorschlag, einen Fachvortrag von der Angiologin aus dem USZ einzuflechten. Die Mehrheit stimmte zu. Wie es der Zufall wollte, erreichte mich am nächsten Tag eine E-Mail aus dem Universitätsspital Zürich. Die Fachärztin für Angiologie, Frau Dr. med. Reutter sendete mir die Antworten für mein Buch und fragte beiläufig, ob wir an der Gründungsversammlung ein bestimmtes Programm geplant hätten. Das Schicksal meinte es ein weiteres Mal sehr gut mit uns. Ohne Umschweife fragte ich sie, ob sie bereit wäre, an unserem Anlass über das Lipödem und dessen Behandlung zu referieren. Kurze Zeit später kam ihre Antwort, dass sie gerne einen Vortrag an der Gründungsveranstaltung halten würde. Überglücklich teilte ich es gleich meinen zukünftigen Vorstandsmitgliedern mit. Auch sie waren begeistert, dass wir an diesem für uns wichtigen Tag die Oberärztin der Angiologie aus dem USZ gewinnen konnten. Das war ein Volltreffer! Als Sahnehäubchen obendrauf machte sie es für uns kostenlos. Die Einladungen für die Gründung der Vereinigung mussten vor Ende April versendet werden. Dazwischen absolvierte ich eine grosse und wichtige Semesterprüfung. Gleichzeitig lief die Frist für die Abgabe des Manuskripts für dieses Buch ab. Meine Praxis für Ernährung-Psychologische Beratung, die ich Anfang April in Sargans eröffnete, wollte auch mit Werbung angeschubst werden. Das war sehr viel auf einmal ... doch alles der Reihe nach. Mit dem Manuskript lag ich gut in der Zeit. Die Einreichung des kompletten Textes beim Verlag war auf Ende April 2014 datiert. Das Beratungsvideo mit einer mehrseitigen Beratungsverlaufsdokumentation war ebenfalls bereit. Die Zeitungsinserate für meine neue Praxis waren aufgegeben, da fehlte nur noch die Einladung zur Gründungsversammlung an die Frauen mit Lipödem, Ärzte und Physiotherapeuten. Es blieben noch knapp zwei Wochen Zeit, um alles zu erledigen.

# 10 JAHRE SPÄTER, FEBRUAR 2024

Es sind viele Jahre vergangen und mein Buch wurde nicht veröffentlicht. Der zehnjährige Vertrag mit dem Verlag war mittlerweile abgelaufen. Warum es nicht veröffentlicht wurde, hatte verschiedene Gründe, die ich leider nie alle erfahren durfte. Nichtsdestotrotz fühlt es sich positiv an, denn die Geschichte war damals im Mai 2014 noch nicht zu Ende. Im Gegenteil, es nahm erst richtig Fahrt auf. Am 10. Mai reisten Hilde und ich nach Hannover an eine Lipödem-Fachtagung, um dort unter anderem die Gründerinnen der »Lipödem Hilfe Deutschland e.V.« persönlich kennenzulernen. Sie hatten den Anlass organisiert. Einige bekannte Lipödem-Spezialisten, unter anderem Prof. Dr. med. Wilfried Schmeller, waren vor Ort. Durch die Teilnehmerinnen der Tagung inspiriert, kaufte ich mir auf dem Rückweg nach Hause mein erstes kurzes Kleid, seit ich flachgestrickte Kompressionsstrümpfe trug. Ich spürte wieder neues Leben in mir. Am 31. Mai 2014 fand wie angekündigt die Gründung der Vereinigung Lipödem Schweiz im Hotel Post in Sargans statt. Wir zählten um die 30 Teilnehmer/innen, darunter auch mein Diagnosearzt. Das freute mich besonders. Der einstimmig gewählte Vorstand bestand aus vier initiativen Frauen. Die Regionalzeitung »Sarganserländer« war anwesend und brachte kurze Zeit danach einen Bericht mit einem postkartengrossen Foto über uns. Der Titel »Den Kampf gegen krankhaft dicke Beine aufgenommen« Frauen für Frauen (Bericht, 4. Juni 2014). Der Vorstand traf sich alle zwei

Monate abwechselnd in meiner Praxis oder im Starbucks beim See-dammcenter in Pfäffikon, Zürich. So konnten wir die Anfahrtszeiten für alle etwas ausgleichen. Die Kassierin wohnte in Chur, die Vize-präsidentin in St. Gallen, die Aktuarin in Zürich und ich selbst (Prä-sidentin) war wohnhaft in Sargans. Wir besprachen Projekte, die wir realisieren wollten, und tauschten uns über die Selbsthilfegruppen aus. Die jährlichen Hauptversammlungen wurden mit interessanten Referaten von Ärzten ergänzt. Die Mitgliedschaften wuchsen auf über dreihundertzwanzig Personen.

Im Sommer 2014 entschloss ich mich, mein privates Leben radi-kal zu ändern. Der neugewonnene Freiraum tat mir gut. Im Herbst 2014 bekam ich nach mehrmaligen Nachfragen die Möglichkeit, in der Livesendung Puls teilzunehmen. Für diesen Auftritt konnte ich Herrn Dr. med. Stephan Wagner, Gefässspezialist in der Rehaklinik Bad Zurzach und Frau Dr. med. Daniela Reutter, damals Oberärztin der Angiologie im USZ, gewinnen. Mehrere vom Lipödem betroffene Frauen stellten sich zur Verfügung, einen Einblick in ihr aktuelles Lipödem-Leben zu gewähren. Der Titel der Sendung von Puls hiess »Lipödem – Der Fluch der dicken Beine« und wurde live am 24. November 2014 im Schweizer Fernsehen SRF1 ausgestrahlt. (Die Sendung kann online nachgesehen werden). Die Reaktion auf die Sendung war sehr gross und mein E-Mail-Account war täglich rand-voll mit Anfragen, die ich immer möglichst zeitnah beantwortete.

Im Jahr 2015 erstellten wir im Vorstand zusammen mit einigen uns wohlgesinnten Ärzten eine eigene Fachbroschüre. Dieses Projekt leitete ein neues, aktives Vorstandsmitglied. Ich nenne sie in die-sem Buch Janine. Ein Fotoprojekt folgte in Regie mit unserer Kas-sierin. Es entstand ein grosser ca. zwei Meter langes Banner mit vom Lipödem betroffenen Frauen, die ihre nackten Beine zeigten. Die Aufschrift dazu lautete »Die Krankheit Lipödem hat viele Ge-sichter«. Im Frühling 2015 schloss ich erfolgreich mein Studium als

Ernährung-Psychologische Beraterin IKP mit Diplom ab. Zu Beginn hätte ich nie gedacht, dass meine Diplomarbeit dem Thema Lipödem gewidmet sein würde. Ich ging davon aus, dass ich meine Arbeit über die Bulimie schreiben würde. Damals wusste ich nicht einmal, was ein Lipödem war. Wie das Leben so spielt, kam alles anders als gedacht. Beinahe hatte ich mein Studium infrage gestellt. Als sich 2011 meine Beine innert wenigen Wochen stark veränderten, glaubte ich, das wäre das Ende meiner Zukunft als Ernährungsfachfrau. Damals spielte ich mit dem Gedanken, alles hinzuschmeissen. Sollte ich ein weiteres Mal von vorne beginnen? Aber womit und in welche Richtung? Viele Tränen flossen, weil ich kaum noch einen Ausweg sah. Doch dann kam der viel besagte Lichtblick. Dieser kam jedoch nicht umsonst. Ich musste ihn mir buchstäblich erkämpfen. Das Wichtigste war, mir viel Wissen über meine Erkrankungen anzueignen. Mit dem Wissen kam das Handeln, mit dem Handeln mein neues Leben. Diese Zeit brauchte ich, genauso wie meine Krankheiten, als Chance, den Sinn in diesem Leben zu finden. Ich hatte meine Aufgabe in dieser Welt gefunden, so vielseitig wie ich sie mir früher nie erträumt hatte. Meine Ziele hielten mich weiterhin lebendig und auf Trab. Die neue Praxis in Sargans für Ernährung-Psychologische Beratung »pebs.ch« wurde für mich eine spannende Herausforderung, der ich mich gerne stellte. Meine eigenen Erfahrungen konnte ich genauso gut einbringen wie mein neu erlerntes Wissen. Jede Frau kann an einem Lipödem erkranken, egal ob sie sich bisher gesund ernährt oder nur von Fastfood gelebt hat. Die Ernährung spielt bei dieser Erkrankung nach dem Ausbruch eine grosse Rolle. Gewichtsschwankungen befeuern ein Lipödem. In der Auswertung meines Fragebogens für die Diplomarbeit sind einige Aussagen für mich wegweisend. 51 Frauen mit Lipödem hatten an meiner Befragung von September 2013 bis Ende Mai 2014 teilgenommen. Ich freute mich auf das detaillierte Auswerten der Antworten. Meine Diplomarbeit wollte ich nach dem Abschluss gerne als Vortragsthema für Ärzte, Krankenkassen, Vertrauensärzte usw. nutzen, um die Fehleinschätzungen vieler Menschen aus der Welt zu schaffen. Zum Beispiel, dass die Betroffenen selbst Schuld sind an den dicken Beinen. Selbstverschulden durch ihr falsches Ess- und Bewegungsverhalten usw. Viele Depressionen könnten verhindert werden, wenn die Lipödempatientinnen bereits im Anfangsstadium ernst genommen würden und sich einer adäquaten Behandlung unterziehen könnten. Essstörungen oder ein gestörtes Essverhalten könnten ebenfalls verhindert werden, wenn die Ärzte das Lipödem erkennen und nicht einfach zu Diäten raten würden. Ich verurteile keinen Arzt, der das Lipödem bis anhin nicht kannte. Ich verurteile aber jene, die sich einen Vortrag von uns angehört haben und sich trotzdem weiterhin verhalten, als hätten sie noch nie etwas von einem Lipödem gehört. Wie jedem anderen Beruf zollt auch dem des Arztes einen hohen Respekt. Vor allem dann, wenn die Ärzte bereit sind, von Patienten etwas dazuzulernen. Denn niemand kennt das Leid besser als der Patient selbst.

# AUSWERTUNG DES FRAGEBOGENS, KURZFASSUNG MEINER DIPLOMARBEIT

**Abstract**

Diese Arbeit befasst sich einerseits mit den Fragen, wie das Essverhalten vor und nach dem Ausbruch des Krankheitsbildes Lipödem bei den Patientinnen war. Andererseits, wie sich das Lipödem auf die Psyche der Betroffenen auswirkt. Mittels eines Fragebogens mit insgesamt neun Fragen zu den oben genannten Themen möchte ich ein repräsentatives Resultat untersuchen und aufzeigen. Dabei werden die Zusammenhänge der sechs Lebensdimensionen des anthropologischen Würfelmodells nach Frau Dr. med. Yvonne Maurer IKP mit einbezogen. Bei der Fragestellung habe ich bewusst auf offene, aber auch geschlossene Fragestellungen geachtet. Bei einigen Fragen konnten die Teilnehmerinnen mehrere vorgegebene Antworten wählen. Bei anderen Fragen konnten sie mit einem Ja oder Nein antworten, teils auch mit »vielleicht«, »keine Ahnung« oder frei ihre eigenen Erfahrungen aufschreiben. Bei der Frage sechs konnte man sich auch enthalten, was eine Teilnehmerin in Anspruch genommen hat.

Ich verteilte den Fragebogen an insgesamt 106 Personen, die vom Lipödem betroffen sind. Die Befragung erfolgte über einen Zeitraum von acht Monaten, ab September 2013 bis Mai 2014. Ausgefüllt und retourniert wurden insgesamt 51 Fragebogen.

Hier die Auswertung der 9 gestellten Fragen.

### 1. Wie war Ihr Gewicht vor dem Ausbruch des Lipödems?

| | |
|---|---|
| – Normalgewicht | 26 Personen |
| – Leichtes Übergewicht bis 5kg | 13 Personen |
| – Mässiges Übergewicht bis 15kg | 5 Personen |
| – Starkes Übergewicht ab 16kg | 4 Personen |
| – Häufige Gewichtsschwankungen | 3 Personen |

### 2. Wie war Ihr Essverhalten vor dem Ausbruch des Lipödems?

| | |
|---|---|
| – Ausgewogen mit viel Gemüse und Früchten | 24 Personen |
| – Sehr kontrolliert, meist gesund | 19 Personen |
| – Öfters Fastfood | 1 Personen |
| – Zu viel und zu Fett gegessen | 3 Personen |
| – Hatte eindeutig eine Essstörung | 5 Personen |
| – Konnte alles Essen, ohne zuzunehmen | 7 Personen |

### 3. Haben Sie vor dem Ausbruch des Lipödems Diäterfahrungen gemacht?

| | |
|---|---|
| – Noch nie | 17 Personen |
| – Ab und an eine Diät ausprobiert | 21 Personen |
| – Viele verschiedene Diäten ausprobiert | 12 Personen |
| – Ich war immer auf Diät | 3 Personen |

### 4. Welche Ernährungsform leben Sie zurzeit?

| | |
|---|---|
| – Vegetarisch | 3 Personen |
| – Ovo-Lacto vegetarisch Kost | 1 Personen |
| – Vegan | 1 Personen |
| – Esse alles | 33 Personen |
| – Andere Ernährungsform | 13 Personen |

**5. Hat sich ihr Essverhalten seit dem Ausbruch des Lipödems verändert?**

– Wenn ja, wie?                                    31 Personen

Die Probanden gaben an gesünder, kontrollierter, weniger oder noch bewusster zu essen. Einige gaben an, weniger Fleisch und Kohlenhydrate zu konsumieren. Andere wiederum schrieben, dass sie mehr Essattacken hatten oder das Essen gar für einen gewissen Zeitraum verweigerten. Manche beschrieben Ängste bei der Nahrungsmittelaufnahme oder ein schlechtes Gewissen zu verspüren, was sie zuvor nicht oder kaum gekannt hatten. Automatisch drehte sich bei den meisten Betroffenen vieles um Essen oder eben nicht Essen.

– Nein                                             15 Personen

**6. Haben Sie das Gefühl, dass es einen Zusammenhang mit dem Lipödem und ihrem Essverhalten gibt?**

– Ja                                                8 Personen
– Nein                                             21 Personen
– Vielleicht                                       15 Personen
– Keine Ahnung                                      6 Personen
– Enthalten                                         1 Person

**7. Haben Sie häufig ein schlechtes Gewissen nach dem Essen?**

– Ja                                               16 Personen
– Nein                                             15 Personen
– Manchmal                                         20 Personen

**8. Gibt es Nahrungsmittel, auf die Sie verzichten, aus Angst zuzunehmen?**

– Wenn ja welche?                                  35 Personen

Bratwürste, Latte Macchiato, allgemein Süssigkeiten, Buttergipfeli, Brot, Nudeln, Schokolade, Mac Donalds Fastfood, Fertigprodukte, Alkohol, Zucker.

– Nein                                             16 Personen

*9. Wie wirkt sich das Lipödem auf Ihre psychische Verfassung aus?*
– Gar nicht                                    *3 Personen*
– Fühle mich ...                               *48 Personen*

Von den 48 Personen gaben viele an, sich elend, müde, schlecht, unzufrieden, überfordert mit der Krankheit, deprimiert, depressiv, ungesund, unter Druck, unschön, hässlich, unbeweglich und ständig beobachtet zu fühlen. Einige gaben an, dass sie schon einmal suizidale Gedanken wegen des Lipödems hatten. Ebenso, dass sie das Leben manchmal als sinnlos empfinden, sich einsam und unwohl unter Menschen fühlten. Viele meiden das Schwimmbad und die Gedanken kreisen häufig um das Thema »Wie nehme ich nicht weiter zu« und »Was denken sich die anderen Menschen über mein Aussehen«. Viele stören sich daran, keine schönen und passenden Kleider zu finden und empfinden die betroffenen Körperteile als nicht zu ihnen gehörig. Die Schmerzen werden von vielen Betroffenen als sehr störend, belastend, zermürbend und einschränkend empfunden.

### Fazit der Befragung

Was sehr deutlich aus dieser Befragung heraus kam, war folgendes: Zwischen dem Essverhalten und der Ernährungsform vor dem Ausbruch eines Lipödems konnte kein Zusammenhang festgestellt werden. Auch ob bereits Diäten ausprobiert wurden oder nicht, ist kein Indiz dafür, ob ein Lipödem dadurch gefördert wurde oder nicht. Es stellte sich heraus, dass das Essverhalten erst nach dem Ausbruch der Krankheit an Bedeutung gewinnt. Häufig wird wegen jahrelanger Schuldzuweisungen und Unverständnis seitens unwissender Ärzte sowie dem näheren und weiteren Umfeld von den Betroffenen selbst angenommen, sie würden alles falsch machen. Einer logischen Folgerung zugrunde, erfolgt eine Volumenzunahme des menschlichen Körpers nur durch einen Überschuss an Kalorien. Beim Lipödem ist es sehr wichtig, keine Gewichtsschwankungen zu provozieren. Der Bedarf an Kilokalorien pro Tag unterscheidet sich jedoch nicht von einem gesunden Menschen. Die

Fettvolumenzunahme an den betroffenen Stellen wie Beine, Gesäss und Arme kann nicht mehr gleichermassen reduziert werden, wie das sonst bei gesunden Menschen üblich ist. So addiert sich bei jeder Gewichtsschwankung an den besagten Stellen die Fettschicht. Das führt wiederum zu einer Disharmonie der Körpersilhouette und zu Stauungen des Lymphsystems. Diese können durch die krankheitsbedingten, typischen Fettwülste, entstehen. Ebenfalls kam deutlich aus der Befragung heraus, dass sich die entstellende Krankheit enorm auf die psychische Verfassung der Betroffenen auswirkt. Bei der neunten und letzten Frage im Fragebogen kam eine Flut von Antworten auf mich zu. Es stellte sich sehr deutlich heraus, dass die betroffenen Frauen täglich stark unter zermürbenden Schmerzen, Schuldgefühlen und beleidigenden Blicken zu leiden haben.

(Kurzfassung der Auswertung meiner Diplomarbeit vom November 2014, Heidi Schmid-Ackermann)

Zwischenzeitlich hatte sich meine Gesundheit massiv verbessert. Meine eigens zusammengestellte Therapie zeigte ihre positive Wirkung für alle meine Erkrankungen, inklusive des Lipödems.

**Meine eigene Therapie umfasst bis heute folgende Punkte:**
~ Antiinflammatorisch angelehnte Ernährung mit grossem Gemüseanteil. Moderate, auf die Bewegung angepasste Menge an komplexen Kohlenhydraten. Raffinierter Weizen stark reduzieren.
~ Für eine langanhaltende Sättigung genügend Proteine (»ohne« die tierischen Produkte komplett auszuschliessen). Rotes sowie fettes Fleisch habe ich für mich komplett gestrichen.
~ Einmal im Monat eine Pizza oder ab und zu ein Eis, ist kein Problem. Wenig Süsses und Früchte direkt nach einer Mahlzeit essen, um zusätzliche Zuckerspitzen im Blut zu vermeiden.
~ Fertigprodukte und Alkohol stark reduzieren.
~ Pflege der Darmflora mit 30 bis 35 Gramm Nahrungsfasern pro Tag und ausreichend ungesüsster Flüssigkeit.

~ Regelmässige, zügige Bewegung an der frischen Luft.
  Durchschnittlich mind. 30 Minuten pro Tag.
~ Regelmässige Psychohygiene (was tut mir gut, was nicht?)
~ Work-Life-Balance
~ Integration alternativer Behandlungen wie z.B. Akupressur usw.
~ Tägliches, konsequentes Tragen flachgestrickter
  Kompressionsstrümpfe
~ Klassische Schulmedizin, so viel wie notwendig

Es liegt in der Verantwortung von uns selbst, wie wir mit unserem Körper, unserem Geist und unserer Seele umgehen. »Tu deinem Körper Gutes, damit deine Seele LUST hat, darin zu wohnen« (Teresa von Avila)

Im Oktober 2015 wurde die von 1998 überarbeitete S1 Leitlinie 037-012 Lipödem publiziert. Darin wurde unter anderem das Lipödem als eine chronisch und progredient verlaufende Krankheit beschrieben, die fast ausschliesslich Frauen betrifft. Detaillierte Angaben dazu sind über den Link am Schluss des Buches in der Rubrik Literaturangaben nachzulesen.

Ende Februar 2016 wurde im Liechtensteiner Volksbatt ein weiterer grosser Bericht veröffentlicht. Der Titel: »Lipödem: Weitgehend unbekannte Krankheit, die Frauenbeine dick macht«. Eine Betroffene des Fürstentums Lichtenstein erklärte sich bereit, mit mir die Fragen für die Zeitung zu beantworten.

Anfang März 2016 öffnete eine weitere Selbsthilfegruppe ihre Tore im Raum Basel. Lena entschied aus privaten Gründen, das Amt als Vizepräsidentin an Melina abzutreten und den Vorstand zu verlassen. Eine neue, vom Lipödem betroffene Frau wurde in den Vorstand gewählt. Ich nenne sie Marina.

Für den 4. Juni 2016 organisierten wir eine Kundgebung auf dem Bahnhofplatz in Bern. Das benötigte ebenfalls viel Planung und Vorarbeit, damit der Anlass genehmigt und anschliessend durchgeführt werden konnte. Es nahmen knapp dreissig Personen daran teil. Wir hatten selbstgemachte, grosse Transparente mit verschiedenen Aufschriften wie »Anerkennung der Krankheit Lipödem« und »Wir wollen gehört werden« usw. Unser Fotobanner war prominent unter dem blauen Dach unseres grossen Infostandes angebracht. Wir verteilten fleissig und mit Stolz unsere eigene Fachbroschüre. Ein Megafon verhalf uns zu mehr Aufmerksamkeit. Ich durfte meinem Jahrgang 1968 gerecht werden und sprach laut und deutlich über unser Anliegen. Das machte richtig Spass. Wir sprachen fremde Menschen an, um über die Krankheit Lipödem zu sprechen und weshalb wir diese Kundgebung durchführten. Wir starteten an diesem Anlass eine Unterschriftensammlung für eine Petition mit dem Titel »*Petition 17.2010 Anpassung des Leistungskatalogs der obligatorischen Grundversicherung bei der Lipödem-Erkrankung*«. Auf politischer Ebene wollten wir erreichen, dass die Krankheit Lipödem anerkannt wurde. Die konservativen Therapien und die Liposuktion sollten in Zukunft von den Krankenkassen bezahlt werden. Die Kundgebung war eine grossartige Erfahrung für alle Teilnehmenden. Auch über diesen Anlass wurde in verschiedenen Zeitungen berichtet.

Am 13. Juni 2016 wurden wir von drei SP-Nationalrätinnen und Nationalräten ins Bundeshaus Bern eingeladen. Wir hatten vorab um ein Gespräch gebeten. Janine begleitete mich glücklicherweise zu diesem Termin. In der Nacht zuvor war ich unglücklich gestürzt. Ich fühlte mich deswegen ziemlich angeschlagen. Doch für Wehleidigkeit war definitiv der falsche Zeitpunkt. Wir wurden durch die Wandelhalle geführt und sahen viele bekannte Politiker. Anschliessend fand die Sitzung statt, an der wir unsere Anliegen vortragen konnten. Sie fanden unsere Arbeit spannend, mehr entstand daraus leider nicht.

**Ende März 2017** führten wir unsere erste Lipödem-Fachtagung im Hotel Krone Unterstrass in Zürich durch. Wir zählten einiges über hundert Teilnehmer/innen. Sechs Sponsorenfirmen waren mit einem Infostand anwesend. Sie stellten ihre Produkte zum Thema vor.

Ein weiterer Wechsel im Vorstand stand an. Janine verliess uns nach knapp zwei Jahren und machte Platz für Asmena. (Auch ihr Name wurde geändert)

Weiter nahmen wir in der folgenden Zeit aktiv mit einem Infostand und Vorträgen an verschiedenen Veranstaltungen und Tagungen teil. Unter anderem bei der Lympha-Helvetica und dem Schweizerischen Fachverband für Manuelle Lymphdrainage SFML usw.

Am 12. Juni 2017 war es so weit. Wir reichten zu acht im Bundeshaus Bern, 6017 Unterschriften für die Petition ein. Viele Betroffene und uns wohlgesinnte Personen unterstützten uns tatkräftig bei dieser sehr aufwändigen Sammelaktion. Ohne deren Hilfe hätten wir nie so viele Unterschriften gesammelt. Nach der persönlichen Übergabe im Bundeshaus in Bern prosteten wir uns bei strahlendem Sonnenschein in der Altstadt Bern zu.

Im August 2017 begannen die Dreharbeiten für einen Dokumentarfilm zum Thema Lipödem (Mesch & Ugge AG). Die Finanzierung erfolgte durch eine private Spende sowie durch die Unterstützung von der Hirslanden Klinik in Meggen und der Vereinigung Lipödem Schweiz. Eine Lipödempatientin aus meiner Gegend stellte sich als Hauptdarstellerin für die Dreharbeiten zur Verfügung. Die Lipödem-Selbsthilfegruppe Rheintal, die ich bis zum jetzigen Zeitpunkt nach wie vor selbst leite, wurde ebenfalls in den Film eingebaut. Eine spannende Erfahrung für uns alle.

Kurz vor Weihnachten 2017 erhielt ich nach mehr als vier Jahren Rechtsstreit mit meiner Krankenkasse die positive Antwort meiner Rechtsanwältin. Mittlerweile hatten wir meinen Fall bis zum Kantonsgericht weitergezogen. Sie schrieb unter anderem »*Die Krankenkasse wurde folgerichtig dazu verpflichtet, die (massgeschneiderte) Kompression zu bezahlen*«. Was mich im Speziellen freute, es galt nicht nur für die Zukunft, sondern auch rückwirkend. Das Kantonsgericht berief sich unter anderem auf den Artikel 3, Abs. 1, Krankheit, im KVG, der folgendes besagt: »*Krankheit ist jede Beeinträchtigung der körperlichen, geistigen oder psychischen Gesundheit, die nicht Folge eines Unfalles ist und die eine medizinische Untersuchung oder Behandlung erfordert oder eine Arbeitsunfähigkeit zur Folge hat.*«

**Mitte 2018** wurde der Dokumentarfilm »Das Lipödem, die unbekannte Frauenkrankheit« fertiggestellt und als Kurzformat im SRF1 ausgestrahlt. Nachsehen kann man den Film auf der Lipödem-Landingpage von SIGVARIS GROUP. Den QR-Code zur Plattform ist am Ende dieses Buches zu finden. Er dauert ca. 20 Minuten.

Im Dezember 2018 ergänzten wir das Selbsthilfe-Angebot mit einer Gruppe in der Umgebung Bern. Einige Tage vor Weihnachten 2018 erhielten wir endlich eine Antwort auf die 2017 eingereichte Petition, aus dem Bundeshaus. »Anpassung des Leistungskatalogs der obligatorischen Grundversicherung bei der Lipödem-Erkrankung«.

**Ich zitiere auszugsweise aus dem Brief vom 19.12.2018:**
»*Es wurde einstimmig (17 zu 7 Stimmen) von der Kommission beantragt, der Petition keine Folge zu leisten, weil sie das Anliegen als*

*erfüllt betrachtet. Eine Anpassung des Leistungskataloges der obligato-*
*rischen Krankenpflegeversicherung sei im Hinblick auf die geschilderten*
*Behandlungsmassnahmen bei Lipödem nicht nötig. Die Kosten der*
*genannten Leistungen werden grundsätzlich übernommen. Voraus-*
*setzung für eine Kostenübernahme zu Lasten der OKP sei allerdings*
*eine gesicherte Diagnose eines Lipödems mit klarer Abgrenzung von*
*einer Extremitäten-betonten Fettleibigkeit ohne Lipödem. Das Lipödem*
*fällt aufgrund der geringen Zahl der diagnostizierten Erkrankungen*
*unter die Definition der seltenen Krankheiten. Angesichts ihrer Seltenheit*
*ist die Krankheit nicht allen Ärztinnen und Ärzten genügend bekannt.*
*Diagnose- und Behandlungsmöglichkeiten sind erst zum Teil und nur in*
*kleinen Studien wissenschaftlich evaluiert worden. Probleme der Kosten-*
*übernahme durch die Versicherung seien demnach nicht auf fehlende Posi-*
*tionen in der Krankenpflegeleistungsverordnung (KLV) zurückzuführen,*
*sondern möglicherweise auf fehlendes oder ungenügendes Wissen über*
*diese seltene Krankheit und ihre Behandlungsmöglichkeiten bei einem*
*Teil der Vertrauensärztinnen/Ärzte. Das Bundesamt für Gesundheit (BAG)*
*informierte die Kommission darüber, dass Personen mit Lipödem mittel-*
*fristig von den Anstrengungen im Rahmen des Konzeptes seltene Krank-*
*heiten profitieren könnten, insbesondere durch die Bildung von Referenz-*
*und Kompetenzzentren und die Verbreitung des Fachwissens unter Haus-,*
*Spezial- und Vertrauensärzten. Das BAG informierte des Weiteren, dass*
*im Rahmen der Revision der Mittel- und Gegenständeliste die Aspekte der*
*Kompressionsbehandlung bei Lipödem speziell einbezogen werden sollten.*

*Auf der Grundlage dieser Ausführungen durch das BAG erkennt die*
*Kommission bei der Information und dem Kenntnisstand über diese*
*Krankheit gewisse Verbesserungsmöglichkeiten. Die Kommission legt*
*den Fachgesellschaften und der Vereinigung Lipödem Schweiz deshalb*
*nahe, den Kontakt mit der Organisation der Vertrauensärzte SGV zu*
*suchen, damit die Thematik im Rahmen der Fortbildungsgefässe der*
*SVG und im laufend aktualisierten Manual der Vertrauensärzte auf-*
*gegriffen und so der Kenntnisstand über diese seltene Krankheit erweitert*
*und gefestigt wird«.*

Als Reaktion auf die Antwort der Kommission auf unsere Petition meldete ich mich im **Januar 2019** nach über fünf Jahren das erste Mal wieder bei der Gesellschaft der Vertrauensärzte. Ich wollte den Bescheid schnellstmöglich mitteilen. Die Forderung im Brief aus Bern, eine Weiterbildung zum Thema Lipödem in einem Fortbildungsgefäss zu machen, musste so schnell wie möglich unter Dach und Fach sein. Als Erstes bekam ich zur Antwort, es sei nicht mehr möglich, an der Jahrestagung eine Weiterbildung einzubringen. Das Programm stehe bereits fest. Nachdem ich den Brief aus Bern an sie weitergeleitet hatte, funktionierte es dann doch noch. Sie forderten mich auf, mich um einen Referenten/Referentin zu kümmern. Noch gleichentags schrieb ich mehrere infrage kommende Ärzte an. Anfang April 2019 fand die Jahrestagung der Vertrauensärzte statt. So kurzfristig gestaltete sich die Suche eher schwierig. Dann die erlösende Nachricht von Frau Dr. med. Andrea Braun, einer Fachärztin für Chirurgie FMH (D) und Gefässchirurgie (D), aus Baar/Zug. Sie hatte sich kurzfristig bereit erklärt, die Weiterbildung für die Vertrauensärzte am Jahreskongress 2019 durchzuführen. Ich war erleichtert. Es war mir ein grosses Anliegen, dass die Vertrauensärzte sich endlich mit der Krankheit Lipödem befassen mussten. Uns war bewusst, dass dies nur ein Anfang war. Bei einem Gespräch im Jahr 2013 war ich nicht ernst genommen worden. Das wollte ich nicht auf mir sitzen lassen. Nun kam die Gelegenheit zu zeigen, dass wir uns nicht unterkriegen liessen. Das war eine Genugtuung für uns alle.

Mittlerweile nahte das Ende meiner Arbeit im Präsidium. Seit Frühling 2018 machte ich mir Gedanken darüber, das Präsidium an ein anderes Vorstandsmitglied weiterzugeben. Ich orientierte den Vorstand im Sommer 2018 darüber, mein Amt abzugeben. Meine Freizeit war seit Beginn meiner ehrenamtlichen Arbeit im Mai 2012 auf einen halben Tag in der Woche beschränkt. Jeweils sonntags ab dreizehn Uhr gönnte ich mir etwas freie Zeit. Das ging nicht spurlos an mir vorbei. Alle waren vorbereitet, die Nachfolgerin stand fest.

Am 31. März 2019 fand die zweite Lipödem-Fachtagung, die wir im Volkshaus in Zürich organisierten, statt. Ein weiteres Mal durften wir über hundert TeilnehmerInnen und acht Sponsoren-Firmen am Anlass begrüssen. Ein grosser Erfolg. Im Anschluss fand die jährliche Hauptversammlung statt. Einerseits mit ein wenig Wehmut, aber auch mit viel Erleichterung gab ich meinen Rücktritt vom Präsidium bekannt. Auch Brigitte, die Kassierin, trat nach fünf Jahren von ihrem Amt zurück. Die über 320 Mitglieder machten wir bereits im Voraus in den Traktanden darauf aufmerksam. Nun hatte ich meine Freiheit wieder. Ich konnte mich meiner Praxis für Ernährung-Psychologische Beratung und der integrierten Lipödem-Beratungsstelle Schweiz widmen und vieles mehr …

Bereits drei Monate später wurde ich von der Vereinigung Lipödem Schweiz angefragt, an einem mehrtägigen Event einer renommierten Schweizer Kompressionsstrumpffirma teilzunehmen. Es ging um ein Referat, in dem die Vereinigung vorgestellt wurde. Die Einladung war mir bekannt. Wegen meines Rücktritts leitete ich damals die Einladung an die neue Präsidentin weiter. Da der Vorstand keine Zeit fand, baten sie mich, das zu übernehmen. Ich wusste, wie wichtig es war, vor Ort zu sein, um die Vereinigung und die Frauen mit Lipödem zu vertreten. Ich nahm mir die Tage frei. Es wurden drei spannende, lehrreiche und unterhaltsame Tage, die ich nicht missen möchte.

Im Dezember 2019 kam die letzte neue Selbsthilfegruppe in der Zentralschweiz dazu. Die Kontaktdaten zu den aktuellen Lipödem-SHG sind im QR-Code in den Literaturangaben zu finden.

Im **Sommer 2020** ergab sich die Gelegenheit, mich auf eine freie Stelle als Fachspezialistin für Kompressionstherapie zu bewerben. Seit **Herbst 2020** arbeite ich mit viel Freude und Engagement bei einer renommierten Schweizer Kompressionsstrumpffirma.

Im **Februar 2021** gab die Vereinigung Lipödem Schweiz unerwartet den Rücktritt des gesamten Vorstandes auf Ende des Jahres bekannt.

Die Kommunikation lief über Facebook, nachdem von den Mitgliedern einiges infrage gestellt worden war.

Am 1. Juli 2021 wurde in der Krankenpflege-Leistungsverordnung KLV die Liposuktion beim Lipödem als Leistungspflicht »*in Evaluation*« bis zum 31. Dezember 2025 aufgenommen. Welche Voraussetzungen für eine Liposuktion gefordert werden, kann online nachgelesen werden. (*BAG-Krankenpflege-Leistungsverordnung KLV, in der Ausgabe vom 01.01.2024 unter 1.1 »Chirurgie allgemein und diverse, Liposuktion zur Behandlung von Schmerzen bei Lipödem«*).

Am 4. Oktober 2021 wurde online die letzte Hauptversammlung durchgeführt. Ende 2021 schloss die Vereinigung für immer ihre Tore. Anfangs, als ich es über Facebook erfuhr, schmerzte es mich. Doch dann spürte ich, das bedeutet nicht das Ende der Aufklärungsarbeit. Die Vorarbeit war längst geleistet. Mittlerweile hatte sich vieles verselbstständigt. Verschiedene nationale und internationale Fachärzte, Professoren, Physiotherapeuten und Firmen, die Kompressionsversorgungen anbieten, hatten sich dem Thema Lipödem angenommen. Es fanden nationale und internationale Onlineweiterbildungen statt.

Ende 2021 stellte ich meine Praxis für Ernährung-Psychologische Beratung und die Lipödem-Beratungsstelle Schweiz ein. Ich fühlte mich angekommen in meinem neuen Job. Im Jahre 2017 durfte ich bei der Testphase für den Flachstrickstrumpf Optiform Hold/Flex als Testperson mitwirken. Der Optiform Hold von SIGVARIS GROUP hatte es mir seit Beginn der Testphase angetan. Die Panty fühlt sich dank des hohen Baumwollanteils angenehm auf der Haut an und bietet eine sehr gute Wandstabilität. Das durchgestrickte Leibteil verhindert unangenehme Druckstellen in der Leiste. Für uns Flachstrickträger/innen ein wertvoller Benefit. Die beinahe unsichtbare Kniefunktionszone beeindruckte mich ebenso. Wer möchte schon bei einem schönen Kleid eine eingestrickte Funktionszone sehen? Die Versorgungen werden am Produktionsstandort St. Gallen hergestellt. Ein echtes Stück Schweiz. Bereits in der Testphase wusste ich »Nie mehr ohne meine Optiform Hold Flachstrickkompressionstrümpfe«.

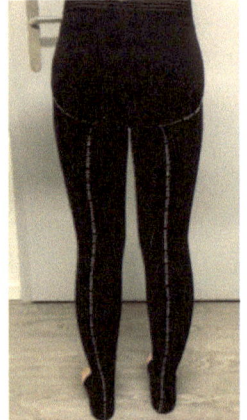

Meine Optiform Hold mit personalisierter Naht bei SIGVARIS GROUP

Durch konsequentes Tragen der flachgestrickten Versorgung, regelmässiger Bewegung, einer ebenso konsequenten antiinflammatorisch angelehnten Ernährungsumstellung und regelmässiger Psychohygiene kann ich das Lipödem seit über zwölf Jahren konstant halten. Beziehungsweise an den Oberarmen und an den Oberschenkel-Vorderseiten hatte sich das Lipödem seit 2016 weiter zurückgebildet. Dies, obwohl an diesen Stellen keine Liposuktion durchgeführt wurde. Ein wichtiger Teil stellt ein stabiles Körpergewicht dar.

Am **22. Januar 2024** wurde die S1-Leitlinie Lipödem AWMF von 2015 durch die überarbeitete Version S2k-Leitlinie Lipödem ersetzt. Deutsche Gesellschaft für Phlebologie und Lymphologie e.V. AWMF-Registernummer 037-012.

Was hatte sich inhaltlich seit **2015** geändert?

Die Schmerzen beim Lipödem stehen im Vordergrund. Es handelt sich weder um eine Ödemerkrankung noch um ein venöses oder lymphatisches Krankheitsbild. Die Stadieneinteilung soll nicht mehr als Mass für den Schweregrad der Krankheit verwendet werden. Neu geht man nicht mehr primär von einer progredienten (fortschreitenden) Erkrankung aus. Für die Reduzierung der Schmerzen und anderen subjektiven Symptomen wird beim Lipödem die Kompressionstherapie empfohlen. Die psychische Gesundheit, das Gewichtsmanagement, die Bewegung sowie das Selbstmanagement nehmen einen noch bedeutenderen Stellenwert bei der Therapie ein. Eine Liposuktion soll nicht durch eine Stadieneinteilung bestimmt werden, da die Beschwerden nicht davon abhängig sind. Die Liposuktion kann Schmerzen dauerhaft lindern und die Lebensqualität steigern. In der Schweiz gelten aktuell die beschriebenen Voraussetzungen des KLV vom Juli 2021 bis 31. Dezember 2025. Nach einer Liposuktion wird empfohlen, je nach Symptomen die konservativen Massnahmen weiterzuführen. Das Lipödem ist nach wie vor nicht heilbar.

**Quelle:** *Deutsche Gesellschaft für Phlebologie und Lymphologie e.V.: S2K-Lipödem, 5.0, 2024,*

# MEINE GEDANKEN ZUM SCHLUSS

Die Zeit, in der ich dieses Buch geschrieben habe, war für mich eine sehr bewegende Phase meines Lebens. Zeitweise sehr aufwühlend, meist jedoch spannend und vor allem unvergesslich. Mir tat es gut, mir alles von meiner Seele zu schreiben. Meine Beine haben den Weg zu mir wieder gefunden. Ich hoffe, dass ich vielen Lesern Mut, wertvolle Tipps und vieles mehr mit auf den Weg geben kann. Es wurde viel erreicht seit Beginn des Aufbaus der Lipödem-Selbsthilfegruppe Rheintal im Mai 2012. Die damaligen Ziele rücken näher, sind jedoch noch nicht alle erreicht. Die Arbeit geht weiter ...

# DANKE FÜR EURE / IHRE MITHILFE

Herzlichen Dank an alle Kolleginnen, die im Vorstand der Vereinigung Lipödem Schweiz mitgearbeitet haben. Danke an alle, die mich in den letzten 12 Jahren mit Rat und Tat unterstützt haben. Die vielen Mitglieder, die an unser Vorhaben geglaubt und bei der Unterschriftensammlung für die Petition sowie der Kundgebung in Bern mitgeholfen haben. Den grossartigen Frauen, die mir ihre Geschichten für dieses Buch anvertraut haben. All den Ärzten, der Psychologin und anderen involvierten Menschen, die mir meine Fragen an sie für dieses Buch kompetent beantwortet haben. Ein grosses Dankeschön an meinen Sohn Sascha. Er unterstütze uns tatkräftig mit der Erarbeitung der Homepage, unserem VLS Logo und der Petition. Ein herzliches Dankeschön auch an unsere deutschsprachigen Nachbarländer Österreich und Deutschland. Ihre Spezialisten und die Lipödem- Hilfe-Deutschland e.V., die mir sehr offen ihre Statements anvertraut haben. Vielen Dank an alle Menschen, die weiterhin an der Krankheit Lipödem forschen. Vielen Dank an SIGVARIS GROUP, die sich seit einigen Jahren aktiv für die Aufklärung des Lipödems einsetzt. Danke an alle, die ich an dieser Stelle nicht erwähne und die dennoch in irgendeiner Weise in dieses Projekt involviert waren.

Eure Heidi Schmid-Ackermann

# ANHANG 1 – 3

# LITERATURANGABEN

Deutsche Gesellschaft für Phlebologie e.V. (DGP), S1-Leitlinien Lipödem, AWMF Registernummer 037-012, Version 2015

https://register.awmf.org/assets/guidelines/037-012l_S1_Lipoedem_2016-01-abgelaufen.pdf (abgerufen am: 21.04.2024)

Deutsche Gesellschaft für Phlebologie und Lymphologie e.V., S2k-Leitlinie Lipödem-Version 5.0, 2024 Dr. med. Gabriele Faerber, https://register.awmf.org/de/leitlinien/detail/037-012 (abgerufen am: 28.02.2024)

Müntener Linda, Ostschweizer Wochenmagazin »Anzeiger«, »Machtlos gegen starke Fettschwellungen«, Nr. 16 vom 17.04.2013, S. 44/45

Heidi Beycler, »Sarganserländer«, »Den Kampf gegen krankhaft dicke Beine aufgenommen«, 04.06.2014, S. 3

Vera Sommer, »Beobachter«, »Lipödem, wenn die Beine dick und dicker werden«, Ausgabe 10/2024, S.54/55

Heidi Lombardo, Liechtensteiner Woche »Liewo«, »Anlaufstelle für Lipödem-Erkrankte«, 27.01.2013, S. 46

Dr. Stutz, »Schweizer Illustrierte«Check-up, »Lipödem, die Krankheit, die Körper und Psyche belastet«, 30.12.20213, S. 68/69,

Maurer Yvonne, Dr. med. Dr. theol., ehemalige Gesamtleiterin des IKP, »Zu innerer Kraft und Energie durch körperzentrierte Psychotherapie« 2. Auflage 2004, S. 10/11/12

Platt E. Michael Dr. med. Facharzt Internist, »Die Hormonrevolution – spektakuläre Behandlungserfolge mit bioidentischen Hormonen«, 8. Auflage

Andrea Hilber Thelen, »Südostschweiz Graubünden«, »Plötzlich war das Lipödem da«, 5.04.2014, S. 26

Weissleder Horst, Dr. med., Schuchhardt Christian, Dr. med. »Erkrankungen des

Lymphgefässsystems«, 5. Auflage 2011, S. 380

SIGVARIS GROUP, Lipödem: Ursachen, Symptome und Behandlungsmöglichkeiten. https://www.sigvaris.com/de-ch/expertise/gesundheitszustand/lipoedem (abgerufen am: 04.05.2024)

# ADRESSEN

Facebook, Lipödem Selbsthilfegruppe Schweiz, https://www.facebook.com/groups/669580876407673/ (abgerufen am: 26.04.2024)

Wagner Stephan, Dr. med. ehemaliger leitender Arzt Angiologie bis 2022, Rehaklinik Bad Zurzach https://www.zurzachcare.ch/angiologie (abgerufen am: 30.03.2024)

Nikolaus Linde, Dr. med., www.lipoedemclinic.ch (abgerufen am: 26.04.2024)

Andrea Braun, Dr. med., www.lipovena.ch (abgerufen am: 26.04.2024)

Bundesamt für Gesundheit (BAG) www.bag.admin.ch

Bundesamt für Gesundheit (BAG) Anhang 1 Krankenpflege- und Leistungsverordnung (KLV) Ausgabe 1. 01.2024

https://www.bag.admin.ch/dam/bag/de/dokumente/kuv-leistungen/leistungen-und-tarife/aerztliche-leistungen/Anhang1-KLV/gesamtliste_anh1_klv_01012024.pdf.download.pdf/KLV_Anhang%201_per%201.1.2024.pdf (abgerufen 17.05.2024)

Schuchhardt Christian, Dr. med., ärztlicher Leiter Lymphakademie Deutschland www.lymphakademie.de (abgerufen am: 26.04.2024)

Tehler Marion, Gründungsmitglied, 1. Vorsitzende, Selbsthilfeorganisation »Lipödem Hilfe

Deutschland e.V.« www.lipoedem-hilfe-ev.de (abgerufen am: 26.04.2024)

Casanova Christina Dr. Fachpsychologin für Psychotherapie FSP www.praxiscasanova.ch (abgerufen am: 26.04.2024)

Koegl Alfred, LS Voralberg, Österreichische Lymph Liga (ÖLL) www.lymphoedem.at (abgerufen am:26.04.2024)

Familie Dieter Wittlinger Geschäftsleitung, Wittlinger Therapiezentrum am Walchsee AT www.wittlinger-therapiezentrum.com (abgerufen am: 26.04.2024)

SIGVARIS GROUP www.sigvaris.com (abgerufen am: 04.05.2024)

# ERKLÄRUNG VON BEGRIFFEN UND ABKÜRZUNGEN

~ Adhärenz – Einhaltung gesetzter Therapieziele zwischen Behandler und Patient
~ Adipositas – Fettleibigkeit ab BMI 30
~ AIK – apparative intermittierende Kompression / Maschinelle Entstauung beim Ödem
~ Angiologie – Ist auf das Gefässsystem des Menschen ausgerichtet
~ Antiinflammatorisch – Entzündungshemmend
~ Apparative intermittierende Kompressionstherapie AIK – Gerät zur Entstauung bei Ödemen
~ ATSG – Bundesgesetz über den Allgemeinen Teil des Sozialversicherungsgesetzes (CH)
~ Ausbildungscurriculum – Lehrplan / Lehrprogramm
~ BAG – Bundesamt für Gesundheit (CH)
~ Bariatrische Therapie – Chirurgische Eingriffe für Adipositas assoziierte Erkrankungen
~ BMI – Body-Mass-Index, gängige Formel zur Bewertung des Körpergewichts
~ CCL / KKL – Kompressionsklasse
~ Chromosom XX – Bestimmt das weibliche Geschlecht
~ Dermatologie – Aufbau, Funktionen, Diagnostik und Behandlung von Hauterkrankungen

- Disproportion – Das Fehlen des richtigen Verhältnisses / Missverhältnis
- Disproportion – Unterschiedliche Ausprägung
- Epidemiologie – Verteilung und Vorkommen von Krankheiten in der Bevölkerung
- Evaluation – Bewertung / Untersuchung von Qualität und Leistung
- Fibrosierung – Verhärtungen von Gewebe oder Organen
- Genese – Entwicklung, Entstehung
- Hypertrophie – Übermässige Vergrösserung von Gewebe oder Organen
- Hypokalorisch – Energiearme Ernährung
- IKP – Institut für Körperzentrierte Psychotherapie
- Inflammatorisch – Entzündlich
- Interdisziplinär – Zusammenarbeit mehrerer Disziplinen
- Intermittierend – Wiederkehrend, mit Unterbrechungen erfolgend
- Intermittierende pneumatische Kompression IPK – Gerät zur Entstauung bei Ödemen
- Internistisch – innere Medizin betreffend
- IPK – Intermittierende pneumatische Kompression / Maschinelle Entstauung beim Ödem
- Ketogene Ernährung – Kohlenhydratarme und fettreiche Ernährung
- KLV – Krankenpflege Leistungsverordnung (CH)
- Koinzident – Gemeinsames Auftreten/Vorliegen eines Risikofaktors bzw. Erkrankung
- Konsens – Übereinstimmung von Meinungen
- Korrelation – Funktionelle Wechselbeziehung zwischen versch. Körperorganen
- KPE – Komplexe Physikalische Entstauungstherapie
- Kurative Therapie – Vollständige Wiederherstellung der Gesundheit

- Lipogenese – Speicherung ungenutzter Nahrungsenergie in Leber und Fettgewebe
- Lipohypertrophie – Lokale Zunahme des Unterhautfettgewebes
- Lipohypertrophiequotient – Verhältnis von Oberschenkelumfang proximal zur Körpergrösse
- Liposuktion – Fettabsaugung
- Lipödem – Krankhafte Fettschwellung an den Beinen und den Armen
- Lipalgie – Schmerzen im Fettgewebe
- Lymphologie – Krankheiten und physiologische Funktionen des Lymphsystems
- Lymphsystem – Wichtiger Teil des Abwehrsystems unseres Körpers
- Manuelle Lymphdrainage – Sanfte Massage, regt den Abtransport der Lymphflüssigkeit an
- Mikrolymphographie – wird zur Diagnose vom Lymphödem eingesetzt
- MKS – Medizinische Kompressionsstrümpfe
- MLD - Medizinische Lymphdrainage
- Morphologie – Beschreibung der äusseren Gestalt lebender Organismen / Bestandteilen
- Obere Extremitäten – Arme
- Ödem – Anschwellen eines Körperteils, durch Flüssigkeitsansammlung im Gewebe
- OKP  Obligatorische Krankenpflegeversicherung (CH)
- Phlebologie – Im Fokus stehen Venenerkrankungen
- Prä- und postoperativ – Vor- oder nach einer Operation
- Progredient – Fortschreitend
- Proximal – Zur Körpermitte hin
- SHG - Selbsthilfegruppen
- Sonographie – Untersuchungsmethode mit Ultraschallwellen im Körperinnern
- Subkutane Fettzellen – Unterhautfettgewebe

- ~ Syndrom – Krankheitsbild mit verschiedenen zusammen auftretenden Sympthomen
- ~ Symmetrisch – Gleich, ebenmässig. Beim Lipödem beidseitig
- ~ Therapierefraktäre Schmerzen – Nicht ansprechend auf eine Therapie
- ~ Thumeszenzlösung – Spezielle Form der örtlichen Beteubung
- ~ Untere Extremitäten – Beine
- ~ Validität – Gültigkeit, Wirksamkeit
- ~ VLS - Vereinigung Lipödem Schweiz